传世励志经典

U0597043

勤奋的天才

爱因斯坦

于 元 编著

中华工商联合出版社

图书在版编目（CIP）数据

勤奋的天才——爱因斯坦/于元编著. --北京：
中华工商联合出版社，2017.1（2024.2重印）

ISBN 978-7-5158-1892-4

Ⅰ．①勤…　Ⅱ．①于…　Ⅲ．①爱因斯坦（Einstein，
Albert 1879－1955）－传记　Ⅳ．①K837.126.11

中国版本图书馆 CIP 数据核字（2016）第 317081 号

勤奋的天才——爱因斯坦

作　　者：于　元
出 品 人：徐　潜
策划编辑：魏鸿鸣
责任编辑：林　立　崔红亮
封面设计：周　源
营销总监：曹　庆
营销推广：王　静　万春生
责任审读：李　征
责任印制：迈致红
出版发行：中华工商联合出版社有限责任公司
印　　刷：三河市同力彩印有限公司
版　　次：2017 年 1 月第 1 版
印　　次：2024 年 2 月第 7 次印刷
开　　本：710mm×1020mm　1/16
字　　数：120 千字
印　　张：11.25
书　　号：ISBN 978-7-5158-1892-4
定　　价：69.00 元

服务热线：010－58301130
销售热线：010－58302813
地址邮编：北京市西城区西环广场 A 座
　　　　　19－20 层，100044
http://www.chgslcbs.cn
E-mail：cicap1202@sina.com（营销中心）
E-mail：gslzbs@sina.com（总编室）

工商联版图书

凡本社图书出现印装质量
问题，请与印务部联系。
联系电话：010－58302915

序

为了给《传世励志经典》写几句话，我翻阅了手边几种常见的古今中外圣贤大师关于人生的书，大致统计了一下，励志类的比例，确为首屈一指。其实古往今来，所有的成功者，他们的人生和他们所激赏的人生，不外是："有志者，事竟成。"

励志是动宾结构的词，励是磨砺，志是志向，放在一起就是磨砺志向。所以说，励志不是简单的立志，是要像把刀放在石头上磨才能锋利一样，这个磨砺，也不是轻而易举地摩擦一下，而是要下力气的，对刀来说，不仅要把自身的锈磨掉，还要把多余的部分毫不留情地磨掉，这简直是一场磨难。所有绚丽的人生都是用艰难磨砺成的，砥砺生命放光华。可见，励志至少有三层意思：

一是立志。国人都崇拜的一本书叫《易经》，那里面有一句话说："天行健，君子以自强不息。"这是一种天人合一的理念，它揭示了自然界和人类发展演化的基本规律，所以一切圣贤伟人无不遵循此道。当然，这里还有一个立什么样的志的问题，孔子说："士不可以不弘毅，任重而道远。"古往今来，凡志士仁人立的都是天下家国之志。李白说：大丈夫必有四方之志，白居易有诗曰：丈夫贵兼济，岂独善一身，讲的都是这个道理。

二是励志。有了志向不一定就能成事，《礼记》里说："玉不琢，不成器。"因为从理想到现实还有很大的距离。志向须在现实的困境中反复历练，不断考验才能变得坚韧弘毅，才能一步一个脚印地逐步实现。所以拿破仑说：真正之才智乃刚毅之志向。孟子则把天将降大任于斯人描述得如此艰难困苦。我们看看历代圣贤，从世界三大宗教的创始人耶稣、穆罕默德、释迦牟尼到孔夫子、司马迁、孙中山，直至各行各业的精英，哪一个不是历经磨难终成大业，哪一个不是砥砺生命放射出人生的光芒。

三是守志。无论立志还是励志都不是一朝一夕、一蹴而就的，它贯穿了人的一生，无论生命之火是绚丽还是暗淡，都将到它熄灭的最后一刻。所以真正的有志者，一方面存矢志不渝之德，另一方面有不为穷变节、不为贱易志之气。像孟子说的那样："富贵不能淫，贫贱不能移，威武不能屈。"明代有位首辅大臣叫刘吉，他说过"有志者立长志，无志者常立志"，这话是很有道理的。

话说回来，励志并非粘贴在生命上的标签，而是融汇于人生中一点一滴的气蕴，最后成长为人的格调和气质，成就人生的梦想。不管你做哪一行，有志不论年少，无志空活百年。

这套《传世励志经典》共收辑了100部图书，包括传记、文集、选辑。为读者满足心灵的渴望，有的像心灵鸡汤，营养而鲜美；有的就是萝卜白菜或粗茶淡饭，却是生命之必需。无论直接或间接，先贤们的追求和感悟，一定会给我们带来生命的惊喜。

徐　潜

前　言

阿尔伯特·爱因斯坦，1879 年出生于德国乌尔姆市的一个犹太人家庭。

幼年的爱因斯坦有语言障碍，但勤奋让他有了不错的学习成绩。他学过小提琴，可以出色地演奏莫扎特的曲子。他喜欢玩罗盘，曾一度将康德作为自己最喜欢的哲学家。这些爱好让他一生都热爱并迷恋大自然，且拥有良好的艺术修养。这些都为他后来从事科学研究奠定了坚实的基础。

爱因斯坦从小就崇尚自由，是个强烈的个人主义者。学生时代，他反对一切形式的教条和权威，他对任何与约束有关的东西都有抵触情绪。后来，对德国专制主义学校和军国主义气氛产生了极深的厌恶心理。1896 年 1 月，他放弃德国国籍的申请获得批准，于是，17 岁的爱因斯坦成了一个无国籍的人。1900 年，爱因斯坦从苏黎世联邦理工学院毕业，并加入瑞士国籍。1905 年，26 岁的爱因斯坦创立了狭义相对论。1915 年，36 岁的爱因斯坦在狭义相对论的基础上又创立了广义相对论。1921 年，爱因斯坦以光电效应的发现而获得了诺贝尔物理学奖。1933 年，爱因斯坦因为受到德国法西斯纳粹政权的迫害，不得不离开德国，前往美国担任普林斯顿高等研究所教授，从事理论物理研究。1955 年 4 月 18 日，76 岁的爱因斯坦病逝于美国普林斯顿。

爱因斯坦他乐观积极，奋发向上。即使环境再恶劣，也丝毫不会影响他科学研究的热情。他反对战争，呼吁和平，一生都在为和平事业积极奔走。

爱因斯坦用一生诠释了天才与勤奋的关系，1999 年 12 月 26 日，他被美国《时代周刊》评为"世纪伟人"。诚如爱因斯坦所言："天才就是 1％的灵感加上 99％的汗水。"

目 录

一 从诞生到大学毕业

1. 科学巨人诞生的背景

1879 年 3 月 14 日，阿尔伯特·爱因斯坦诞生在德国南部乌尔姆市班霍夫街 135 号的一个犹太商人家里。

乌尔姆位于伊勒河和布劳河注入多瑙河的入口处，距东南方向的慕尼黑约 180 公里。

乌尔姆在日耳曼语中是"沼泽地"的意思。1181 年，罗马帝国皇帝腓特烈一世将其升为城市。从 1184 年开始，乌尔姆成了帝国的一座直辖市。

1500 年左右，乌尔姆达到了其发展的顶峰，继纽伦堡之后升为帝国的第二大城市，管辖着三个城市和 55 个村庄，成为钢铁、木材和葡萄酒的重要市场。

爱因斯坦诞生时，德国充满了火药味，而且正一步步地向军国主义发展。

德意志是中世纪法兰克帝国分出的一个国家。法兰克帝国分为法兰西、意大利、德意志三个国家，其中法兰西后来发展为法国，而意大利和德意志都长期处于分裂状态。

德意志由许多割据的各自独立的公国和城邦组成，它们各自有自己的国王，相对独立，而在形式上共同组成德意志邦联，并且选举一个共同的皇帝。但这只是形式上的皇帝，这个皇帝对割据势力没有实际的约束力。

随着德意志国家经济和政治的发展，要求统一的呼声越来越高。渐渐地，普鲁士成为德意志邦联中最有实力的公国，它虎视眈眈，企图统一德国。经过多次战争和外交努力，普鲁士在击败了德意志中另一强大公国奥地利和欧洲大陆霸主法国后，终于实现了德国的统一。而奥地利则分离出去，成为一个独立的国家。

爱因斯坦诞生时，德国统一已经8年了。8年前，普鲁士国王威廉一世在铁血宰相俾斯麦的辅佐下统一德国，于1871年登基做了皇帝，史称德皇威廉一世。

19世纪末，普鲁士统一德意志后，在1871年通过《德意志帝国宪法》和德意志帝国的君主立宪制，确立了资本主义制度，但却带有很强的封建军事色彩。

德国的统一及资本主义制度的确立为德国经济的飞速发展提供了有力保障。1880年，德国政府开始有意识地指导重工业的发展。人力、物力在国家的指导下被更加合理地利用，电气、化工、铁路、钢铁等产业迅速跃居世界前列。德国迅速成为工业强国。

1889年，德国工业总产值超过农业，从而使德国成为工业国家。英国用了将近100年完成的工业革命，在德国只用了不到50年的时间。

爱因斯坦诞生前后，德国的经济、军事、科技实力迅速发展，国力迅速上升，成为欧洲第一强国，世界第二强国，超过了英国和法国，仅次于美国。但是，德国的政治地位远不如英、法两国，而且地理位置也不好，被英、法、俄三国夹在中间。由于德国起步较晚，世界殖民地基本被英、法等国瓜分完了。这时，德国想挑战英、法两国的统治地位，重新分配殖民地，建立世界新秩序。

当时，奥匈帝国因为与沙俄和法国有矛盾，德国便把它拉来组成了同盟国集团。这样，德国、奥匈帝国等国便组成了重新瓜分世界殖民地的军事同盟。

爱因斯坦诞生时，世界正一步步地走向重新瓜分世界殖民地的第一次世界大战。军国主义的阴影笼罩着德国，扩军备战的呼声越来越高，弥漫在空气中的火药味越来越浓了。

2. 幸福的家庭

爱因斯坦的父母都是犹太人。父亲海尔曼态度和蔼、喜欢帮助别人。他从小喜欢读书，因为家庭生活困难，虽然考上大学，但无力入学，不得不去经商。后来业务进展顺利，生活开始好转，他仍旧是一个仁慈的商人。爱因斯坦的母亲玻林·科克出身名门，受过中等教育，喜欢音乐，十分慈爱。爱因斯坦是这对犹太夫妇的第一个孩子。爱因斯坦两岁的时候，母亲为他生了一个可爱的妹妹，取名玛雅。幼年的爱因斯坦就生活在这样一个温馨幸福的家庭中。

爱因斯坦诞生的第二年，他们举家迁往慕尼黑。同年10月，爱因斯坦的父亲与叔叔雅各布合开了一家为电站和照明系统生产电机、弧光灯和电工仪表的电器厂。父亲负责业务，叔叔负责技术。

慕尼黑是德国巴伐利亚州的首府，位于德国南部阿尔卑斯山北麓的多瑙河支流伊萨尔河畔，是德国历史名城，原来是巴伐利亚王国的都城。慕尼黑街上有许多富有历史意义的天主教堂和爬满藤蔓的古色古香的建筑物。在远处，可以看到白雪皑皑的阿尔卑斯山。这个被高山环绕着，海拔520公尺的高原都市，水陆交通十分便利，加之气候温和，物产丰富，环境优美，很早就成为国际著名的旅游城市了。慕尼黑是德国南部主要的经济、文化、科技和交通中心之一，仅次于柏林和汉堡，是德国第三大城市，也是欧洲最繁荣的城市之一。由于慕尼黑一直保留着原巴伐利亚王国都城的古朴风情，因此被称为"百万人的村庄"。

爱因斯坦就是在这样美好的环境中长大的，直到15岁才离开慕尼黑。慕尼黑距爱因斯坦的诞生地乌尔姆仅180公里，可以算是爱因斯坦的第二故乡。爱因斯坦热爱科学、喜欢钻研的精神都是在这里形成的，在慕尼黑的这段生活对他的一生有着极其重要的意义。

3岁时的小爱因斯坦有着又黑又亮、自然卷曲的头发，宽阔的额头，额头下面一双深邃、明亮且有神的棕色大眼睛，再配上略带鹰钩的鼻子，这让小爱因斯坦显得十分可爱机灵。可是，让全家人忧虑的是年满3岁的小爱因斯坦还不会说话，总是静静地像在思考什么问题，这让父母很为他担心。这样的性格不是这个年龄的小男孩应该有的，再看看他那像是畸形的大头，父母开始不安了。母亲一直在注意观察自己的儿子，发现小爱因斯坦的两眼总是流露出对世界的惊奇和兴趣。

小爱因斯坦不会说话，人们都怀疑他是个低能儿。但是，父亲却没有对儿子失去信心，他想方设法地让爱因斯坦发展智力。

他为儿子买来积木，教他搭房子。小爱因斯坦每搭一层，父亲便表扬他一次。在父亲的鼓励下，爱因斯坦一直搭到了十四层。

有一天晚上，母亲在两个孩子睡下之后，坐在大厅的钢琴前轻轻地弹了起来，一串悦耳的旋律像山间小溪在潺潺流淌。过了一会儿，小爱因斯坦穿着睡衣从楼上下来，认真地聆听美妙的琴声。明亮的大眼睛里充满了好奇。

从此，爱因斯坦被音乐深深吸引住了。他好像置身于一个美妙神奇的世界，那里的琴声变幻无穷，令他流连忘返。音乐以它那温柔的怀抱接纳了爱因斯坦，让他吸吮人类文化的甘甜乳汁，给他一个安宁的精神家园，也给了他成为一代物理大师的超凡的想象力。

不久，父母抱着小爱因斯坦去当地一家最有名的医院诊查。所有的医生都说小爱因斯坦不是一个低能儿，而是一个智商很高、大脑发育十分正常的孩子，只是说话晚些而已。

每逢休息日，父亲总要带领全家去慕尼黑郊外游玩。一路上，小玛雅叽叽喳喳，而爱因斯坦则静静地坐在车上，好像在思考一些重大的问题，偶尔还扶一下妹妹，怕她跌倒。

小爱因斯坦最喜欢的游戏是用纸板搭房子，即使郊游也要随身携带纸板。在整个郊游的大部分时间里，爱因斯坦总是坐在角落里静静地构思，认真地搭建他想象中的各种房子。爱因斯坦的父母也从不打扰他，对他充满了信心。

3. 学前岁月

在父母的鼓励和呵护下，爱因斯坦健康地成长，智力也迅速提高了。

　　爱因斯坦的叔叔雅各布特别喜欢爱因斯坦，在爱因斯坦的童年生活中扮演着极其重要的角色。他是爱因斯坦的启蒙老师，教给爱因斯坦许多知识。他总是耐心地回答爱因斯坦的种种提问，为爱因斯坦的想象力插上了翅膀。

　　雅各布叔叔是位优秀的电器工程师，极喜欢数学，在数学领域有很高的造诣。他见爱因斯坦非常聪明，喜欢钻研，常抽空给爱因斯坦讲数学原理，然后再出一些有趣的数学题让小爱因斯坦计算。有时，雅各布叔叔故意出一些超过一个5岁孩子理解力的难题，然后，使用激将法让爱因斯坦接受挑战。

　　有时，祖母看到爱因斯坦趴在桌子上，一动不动地静静地思考问题，一坐就是几个小时，很是心疼，便责怪雅各布，怪他给小小的孩子出这么难的题。雅各布总是笑着说："妈妈，请放心。爱因斯坦是个不怕难题、不怕吃苦的孩子。"

　　爱因斯坦常常一个人坐在小凳子上冥思苦想，认真计算数学题。有时候，他已经上床要睡觉了，忽然想起什么，便又一翻身爬起来，趴在桌子上计算一番。

　　爱因斯坦喜欢做难题，从来不把这看作是受罪。他在演算过程中感受到了无穷的乐趣，从中领略到了数学的奥秘和攻克难关的快乐。在爱因斯坦看来，数学比任何冒险小说都有趣。

　　爱因斯坦的父亲为人稳重，对人热心，与世无争，人们都喜欢他。他爱好文学，每天晚上，只要没什么事，他都要给家人朗读席勒和海涅的作品。

　　在进步文学作品的熏陶下，爱因斯坦形成了同情劳动人民的高尚品德和疾恶如仇的大无畏精神。

　　爱因斯坦从6岁开始学拉小提琴，在父亲的指导下，一有空就练琴，越练越起劲。他做梦都想成为帕格尼尼那样的小提琴演奏家。

为了提高琴艺，爱因斯坦特地去请教一位著名老琴师。老琴师说："孩子，你先拉一支曲子给我听听。"

爱因斯坦拉了帕格尼尼二十四首练习曲中的第三支，拉得十分认真。一曲终了，老琴师问爱因斯坦："你为什么喜欢拉小提琴？"

爱因斯坦回答说："我想成功，我想成为帕格尼尼那样伟大的小提琴演奏家。"

老琴师又问："你拉琴快乐吗？"

爱因斯坦回答说："非常快乐。"

老琴师把爱因斯坦带到自家的花园里，对他说："孩子，你非常快乐，这说明你已经成功了，又何必非要成为帕格尼尼那样伟大的小提琴演奏家呢？你看，世界上有两种花，一种花能结果，一种花不能结果，实际上不能结果的花更美，比如玫瑰和郁金香，它们在阳光下开放，虽说从不结果，但它们无忧无虑，开得很美，这也就够了。"

听了老琴师的话，爱因斯坦恍然大悟：快乐胜过黄金，是世间成本最低、风险最低的成功。

从此，爱因斯坦心头的那团狂热之火冷静下来，只是专心地练琴，再也不受困于成为帕格尼尼那样的小提琴演奏家的梦想了。不久，他的琴艺渐渐提高。

4. 路易堡中学

10 岁那年，爱因斯坦进了慕尼黑路易堡中学。

开学那天，爱因斯坦高高兴兴地穿上了路易堡中学的校服。这校服是深蓝色的，像陆军军官的制服。制服的领子上有一条银线。银线一年年增加，四年后就改用金线了。帽子上有一个 G 字帽徽，闪闪发光。

路易堡中学集中了附近的优秀学生，是慕尼黑所有小学生所憧憬的进大学的一座最佳桥梁。可是，对于不喜欢战争的爱因斯坦来说，进了这所中学无疑是进了一座"兵营"罢了。

爱因斯坦进入路易堡中学不久，刚入学时的那股激情就消失得无影无踪了。路易堡中学教育浸透了军国主义色彩，爱因斯坦越来越不喜欢去学校了。

在路易堡中学，无论是数学课，还是希腊文或拉丁文，都成了毫无生气、硬邦邦的训练，课堂就好像练兵场似的。

爱因斯坦独立思考的愿望越来越强烈，有了更多的思想。他对学校呆板的教学方式极其反感，从没有认真听过课。他常在课堂上沉思默想，或者仰望墙壁上的时钟，计算着下课的时间。

这时，爱因斯坦热爱科学的热情依然如故。他巧妙地避过中学老师的看管，开始用自学的方式对学校的教育进行积极的反抗。他仅仅用了几个月的时间就学完了中学数学课的基本内容，达到了教学大纲所规定的要求。

爱因斯坦课外时间忙得很，雅可布叔叔每天都要给他布置数学习题。爱因斯坦解答了这些习题之后，便会沉浸在自学的幸福中。

12 岁到 16 岁，爱因斯坦自学了微积分。虽然爱因斯坦的数学成绩永远是全班第一，但老师并不喜欢他。在大多数老师眼里，爱因斯坦并不是一个好学生，因为他不注意听讲，整天心事重重，谁也不知道他在想什么。他们哪里知道爱因斯坦正在贪婪地咀嚼先人的科研成果，正在默默地继承先人的精神财富啊。在老师的眼里，爱因斯坦是一个心不在焉、令人头痛的学生。

爱因斯坦举止缓慢，不愿浪费时间同别人交往，不适合"兵营"的生活，因此老师和同学都不喜欢他。教他希腊文和拉丁文的老师更是厌恶他。

路易堡中学怕爱因斯坦影响其他学生，曾想把他赶出校门。路易堡中学老师曾对爱因斯坦的父亲说："你的儿子将一事无成。"这一切让爱因斯坦灰心丧气，他甚至不愿意去学校，怕见到老师和同学。这时，父亲鼓励他说："孩子，我觉得你并不笨。别人会做的，你虽然做得慢一点，但并不比他们差；你会做的事情，他们一点都不会做。你表现得没有他们好，是因为你的思维和他们不一样。我相信，你一定会在某一方面比任何人都做得好。"父亲的鼓励使爱因斯坦振作起来。

5. 毅然退学

爱因斯坦上中学后，家境越来越不好了。在弱肉强食、竞争激烈、歧视犹太人的德意志帝国，父亲经营电器厂的收益越来越差，最终到了面临倒闭的境地。

父亲本是一个乐观的人，但面对残酷的现实也只能唉声叹气，以至后来变得愁容满面，一筹莫展了。叔叔也整天忧心忡忡，很少说笑话了。

后来，父亲和叔叔决定搬到意大利的米兰去，在那里从头做起。

可是爱因斯坦为了继续学业，拿到中学文凭，很不情愿地一个人留在慕尼黑。

迁居之前，海尔曼为儿子继续上学的有关事宜特地来到路易堡中学。负责接待海尔曼的是学校的训导主任。望着训导主任那张冷若冰霜的脸，海尔曼小心翼翼地问："请问，我儿子将来从事什么样的职业最适合呢？"没想到训导主任竟然毫不客气地说："做什么都可以，反正你的儿子将一事无成。"说完，他轻蔑地望了爱因斯坦的父亲一眼，便低头忙自己的事了。父亲手足无措地站在那里，心里很难受，并不是因为自己的儿子，而是因为训导主任的无礼。过了一会儿，那位训导主任才抬起头来，把爱因斯坦在学校的"不良"表现向海尔曼作了介绍，说："所有的老师都嫌爱因斯坦性格孤僻，智力迟钝，不守纪律，心不在焉，想入非非。"听了这些，海尔曼心里恨恨地说："偏见，这一切都是偏见。"

父亲回到家后，一再嘱咐爱因斯坦要听老师的话。爱因斯坦个性强，爱科学，根本无法成为学校所期望的那种"优秀"人才。

当时，德国军国主义思潮像洪水一样四处泛滥。帝国军人在大街上昂首挺胸，耀武扬威，旁若无人。学校要学生当机器，当军人，学生只能单调地去重复教科书上的教条，只能以服从命令为天职，不许有学习的兴趣和求知的欲望，只许有尚武的精神和好战的狂热，以帝国为生命的信条深入人心。

有一天，路易堡中学组织学生去看阅兵。只见阅兵场上鼓声咚咚，军号嘹亮，士兵排着整齐的队伍，两眼盯住一点，膝盖绷得笔直，双臂摆成直角，皮靴与刺刀闪闪发光。围观的人不停地欢呼，一些孩子跟在队伍后面，学着士兵的样子。他们巴不得马上长大，穿上军装，像学校教的口号那样："为德意志，为皇帝，前进，前进。"

这情景让爱因斯坦惊呆了。一个个方队竟像一台机器，动作单调而整齐，所有的人都绷着脸，一个表情，没有思想，没有个人意志，活生生的人都变成战争工具。爱因斯坦惊恐万分。

不久，除了爱因斯坦，全家人都搬到意大利去了。爱因斯坦孤零零地寄住在一个老太太家里，他觉得很孤独。

爱因斯坦独自一人漫步在慕尼黑的街道上，充满火药味的慕尼黑对于爱因斯坦来说是一个令人伤心的城市。这是爱因斯坦有生以来第一次离开亲人，他觉得自己孤独极了。他觉得这个城市一点儿都不可爱，他多想长出一双翅膀飞到父母身边去啊。

自从父母走后，爱因斯坦在路易堡中学的处境越来越难了。由于多年坚持自学，爱因斯坦养成了独立思考、大量读书的习惯，积累了很多基础知识。他对中学课程的安排和学习方式十分厌倦，不喜欢死记硬背拉丁文和希腊文，觉得中学里学的尽是些没用的知识。而且，教师的教学方法简单粗暴，充满军营作风。

在路易堡中学，能给爱因斯坦安慰的，除了已经退休的数学老师，还有教文学的卢埃斯讲师。在卢埃斯讲师的影响下，爱因斯坦对德国古典文学产生了浓厚的兴趣。这冲淡了爱因斯坦的寂寞和烦闷，卢埃斯讲师成了爱因斯坦孤身一人在慕尼黑求学的唯一精神支柱。

尽管这样，慕尼黑还是没有留住爱因斯坦，因为他讨厌战争，不想当兵。根据当时德国的法律规定，男孩子只有在17岁之前离开德国，才不必回国服兵役，而这时的爱因斯坦已经16岁了。爱因斯坦从小就讨厌当兵，每当想起阅兵的场景时，就毛骨悚然。他开始盘算如何离开路易堡中学，他已经不在乎能不能拿到中学毕业证了。

于是，一贯诚实的爱因斯坦找到医生，请医生给他开一个假证明。这位医生一直喜欢这个聪明的孩子，非常爽快地答应了爱因斯坦的要求，给他开了一张身体健康状况不适合在校读书而必需退学的证明。

当爱因斯坦手提着皮箱来到意大利新家的时候，母亲惊叫了一声，眼里充满了泪水。不管儿子为什么回来，能和好久不见的爱子重逢总是一件高兴的事。

爱因斯坦小心翼翼地说明事情的经过，他已经做好心理准备，不管父亲如何责骂，他绝不还嘴。父亲听完爱因斯坦的述说，并没有责骂儿子，只是说："要是我的电器厂能顺利地经营下去，你喜欢做的事，我都可以让你去做。可是，我与你叔叔已尽了最大努力，生意总是不见起色，你也该考虑考虑自己的未来了。"说到谋生，爱因斯坦能做什么呢？他的志趣是研究科学，但研究科学就必须进大学，而进大学就一定要有中学毕业文凭……

6. 亚罗中学

正在爱因斯坦彷徨无计的时候，叔叔安慰他说："要想上大学，这不难。瑞士的苏黎世有一所联邦工业大学，在欧洲享有很高的声誉。按这所大学的规定，凡是年满 18 岁的高中毕业生或同等学力者均可报考。"

瑞士联邦为中欧国家，分为 26 个州，联邦政府所在地是伯尔尼。瑞士北接德国，西接法国，南接意大利，东接奥地利和列支敦士登。

听从叔叔的安排，爱因斯坦离开意大利前往瑞士，于 1895 年 10 月参加了瑞士联邦工业大学的入学考试。在几何和物理学考试中，爱因斯坦使用了任何中学课程都绝对没有讲过的解题方法，使大学老师目瞪口呆："这个学生已经掌握了高等分析原理，熟悉解析几何，甚至自学过微积分，太不简单了。"

爱因斯坦一下子轰动了联邦工业大学。可是，接下来的法文、植物学、动物学和德文，他都考得一塌糊涂。校长忍住笑，看了看刚才还自我感觉良好，现在却神情沮丧的爱因斯坦，鼓励他说："孩子，你没有中学毕业文凭，这没什么，你可以进一所瑞士州立中学的最高一级，一年后不用考试就录取你。"

校长介绍的那所中学坐落在距苏黎世不远的名叫亚罗的小镇上。爱因斯坦开始还有些顾虑，怕又要进入像慕尼黑那种军营式的学校。但是，当他到了那儿一看，才知道多虑了，这是一所学生可以自由读书的好学校。

这所中学的教学和大学一样，各门课程都有。化学教室里有各种各样的实验器具；地理教室里有很多地形模型和地图；动植物的教室里，除了许多标本以外，还有观察微生物用的显微镜。到学校图书馆去，馆员便会为你找出你所需要的参考书。

这是一所讲德语的中学，爱因斯坦住在老师温特勒家里。温特勒是个学者，爱因斯坦很尊敬他，也非常喜欢温特勒夫人。爱因斯坦与他们的七个孩子相处得很好，像一家人一样。

爱因斯坦来到亚罗，才第一次体会到学校生活的乐趣。这是他有生以来第一次喜欢学校，他兴奋地说："学校的自由精神和那些毫不依附任何外来权威的老师的自然独特的思想，给我留下了不可磨灭的印象。"

这时，爱因斯坦对未来充满了憧憬，他说："一个幸福的人对现在感到太满意就不可能对未来思考太多。另一方面，年轻人喜欢献身于大胆的计划，而对一个严肃的青年来说，尽可能准确地去认识他的正确目标是什么才是适当的。如果运气好，能通过考试，我将去苏黎世，在那里学 4 年数学和物理。我想象自己会成为那些自然科学分支领域里的一名教授，我想我会更喜欢其中的理论部分。引导我走向这个计划的是这样一些理由：我倾向于抽象思维和数学思维，而我缺乏想象力和实践能力。我的愿望激励我下这样的决心，人总是喜欢做他有能力做的事。而且，科学事业存在着一定的独立性，那正是我所喜欢的。"

一年之后，爱因斯坦修完了中学全部课程，领到了中学毕业文凭，可以进入苏黎世联邦工业大学了。

7. 大学生

在慕尼黑时，爱因斯坦曾向父亲要求放弃德国国籍。在亚罗中学的愉快学习生活更加坚定了爱因斯坦不做好战的德国人的决心。

一个孩子要放弃祖国的国籍，这是多么不可思议的事情啊。现在，爱因斯坦再次恳求父亲答应他的要求，帮他放弃德国国籍。父亲性情随和，经不住儿子的一再恳求，真的向德国当局写了申请。当局接受了申请，在付了 3 马克之后，爱因斯坦便获得了一份 1896 年 2 月 28 日由乌尔姆地方签发的文件，正式宣布爱因斯坦不再是德国公民。

1896 年 10 月 29 日，爱因斯坦进入瑞士联邦工业大学读书，成了一名无国籍的大学生。

在好心人的帮助下，通过自己的努力，爱因斯坦终于上了大学。他内心万分激动，冲上去抱着父母，像小孩子似地哭了起来。这是高兴，这是通过努力获得胜利的喜悦。对儿子寄予厚望的父母也松了一口气，欣慰地笑了。

临去瑞士那天，爱因斯坦又在父母的怀中哭了起来，他知道这一去将要与父母分别四年。这是悲伤的眼泪，也是离别之泪。怀着对未来无限期望之情，爱因斯坦踏上了去瑞士的行程。

苏黎世是建筑在利马托河两岸的美丽城市。新市区里到处都是形形色色的现代建筑物，可一走进建筑在起伏山丘上的住宅区，就能看到在狭窄的道路两旁，矗立着爬满藤蔓的古色古香的小楼。苏黎世的东南方有个闻名世界的大湖，人称苏黎世湖。湖长39公里，宽4公里，烟波浩渺，游人如织。诗人歌德曾4次前来这里，被苏黎世湖的恢宏气势所吸引。在这里，爱因斯坦也深受震动，萌生了探索宇宙奥秘的壮志。

爱因斯坦一进校门就暗暗下定决心："我要在这里取得一番成就。"苏黎世联邦工业大学是一所工科大学，共有12个系，爱因斯坦选择的是教育系。他就读的教育系本应称为物理数学系，因为它专门培养物理教师和数学教师，所以称为教育系。

父亲一直想让爱因斯坦做一名电气工程师，以便继承家业。但爱因斯坦进入教育系，违背了父亲的意志。父亲虽然大失所望，但还是尊重儿子的选择。他知道儿子热爱数学和物理学，并愿意当老师。

爱因斯坦信心十足地开始了大学生活，在科学的海洋里畅游。和大多数充满好奇心的大学一年级新生一样，爱因斯坦选修的课程也是多种多样的。他知道知识学不完，要尽量利用在大学读书的时间多学一些。

一年后，爱因斯坦对他以前最为钟爱的数学失去了兴趣。他觉着数学领域太广阔，而且分支过细，任何一个小的分支都足以使人献出一生。于是，爱因斯坦把自己的钻研目标专注于物理学。他觉得物理学虽然同样浩大，每前进一步都要付出巨大的努力，但他知道自己已经找到了打开物理学大门的钥匙。

爱因斯坦极少听课，更多的是自学。在这里，爱因斯坦已经开始独立研究一些著名的物理学著作了。他最喜欢的是自然科学和理论力学方面的书。他读了基尔霍夫、亥姆霍兹的著作；从1894年出版的弗普尔所著《麦克斯韦电学理论导论》的第一版学习了麦克斯韦理论；他读了马赫的力学著作，这本对基本概念和基本定律抱着批判态度的书给他留下了深刻的印象；他还研究过洛伦兹和玻耳兹曼的论文。

基尔霍夫是德国物理学家，被人称为"电路求解大师"。直到今天，他发现的电路定律仍是解决复杂电路问题的工具。

亥姆霍兹是德国物理学家、数学家、生理学家、心理学家。他最先以数学方式提出能量守恒定律，受到科学界的重视。

麦克斯韦是英国物理学家、数学家、经典电动力学的创始人、统计物理学的奠基人之一。在科学史上，他与牛顿齐名。他把电和光统一起来。

马赫是奥地利物理学家、哲学家、心理学家、生物学家，强调科学定律是无数次观察概括的总结，而不是先入为主的真理，对爱因斯坦的相对论有重大的影响。

这一时期，引起爱因斯坦注意的还有达尔文的著作。达尔文是英国生物学家、进化论的奠基人，比爱因斯坦大80岁。

在瑞士联邦工业大学，每年只有两次考试。其余时间，爱因斯坦都在做他想做的事，读他爱读的书。考试对爱因斯坦来说是很容易通过的，因为他可以参考同学兼好友格罗斯曼写的既漂亮又有条理的课堂笔记。

爱因斯坦把全部精力放在物理学上，其他的课程甚至会旷课，只是到了考试的时候才随便借同学的笔记集中复习。爱因斯坦常说："学校让学生学的那几本教科书，几天工夫就看完了。"

为了自己心爱的物理学，爱因斯坦几乎放弃了一切可以放弃的东西，甚至放弃了他曾经喜欢的数学。

8. 和米列娃的爱情

在瑞士联邦工业大学读书期间，爱因斯坦没有像别的同学那样浪漫地度过大学的美好时光，而是把全部时间都用在学习上了。爱因斯坦的生活过得又充实又幸福。他整天忙于读书，忙于实验。至于吃饭、穿衣、睡觉，在爱因斯坦心里都是一些无关紧要的琐事。他从不在乎吃得好不好，穿得时髦不时髦，睡得舒服不舒服。

父亲工厂的经营情况越来越糟，爱因斯坦不得不靠几个舅父的接济生活。每月一百法郎的生活费，爱因斯坦还要省下二十法郎。这个没有国籍的年轻人热爱瑞士，希望成为瑞士公民，而瑞士要向他征收一千法郎的入籍费。

爱因斯坦租的那间斗室里，书桌上、椅子上、床上到处摆满了书。一有时间，爱因斯坦就躲进斗室埋头读书，直到读得头昏眼花，肚子咕咕叫时，才到小巷的饭馆或咖啡馆去胡乱吃点东西。有时候，他干脆将一日三餐并作一日两餐，甚至一日一餐，因为他觉得头脑比肚子更饥饿。

在苏黎世，也像在瑞士其他的大学城一样，聚集了许多不同种族的大学生、革命的侨民和因为民族压迫和阶级限制而离开自己祖国的男女青年。苏黎世为他们提供了一个自由的学习环境。在大学生中，虽然许多人并不是革命者，但几乎所有的人都是民主思想的拥护者。

在读大学期间，爱因斯坦并不缺乏欢乐。除了偶尔去音乐厅或歌剧院欣赏音乐和戏剧之外，爱因斯坦最大的欢乐是和朋友交往。

爱因斯坦在大学时结识的朋友中，除了借他课堂笔记的格罗斯曼外，还有一个外表严肃、沉默寡言的女大学生米列娃。她是爱因斯坦的同班同学，来自奥匈帝国。

米列娃 1875 年出生在奥匈帝国南部的一个富裕家庭，比爱因斯坦大 4 岁。她从小聪明好学，中学毕业后，父母将她送到瑞士的一所女子学校深造。那时，女大学生堪称凤毛麟角。后来，她转学到苏黎世，因为在别的地方，女大学生不能参加考试。刚到苏黎世时，米列娃报名学医，但不久便改变了主意，改学数学和物理学了。

米列娃才气过人，十分漂亮，对数学和物理学也非常感兴趣，但腿脚有点毛病，走起路来微微有点跛。

一开始，爱因斯坦和米列娃接触是因为他俩都喜欢读一些数学大师和物理学大师的著作，可以在一起交流读书心得。

没过多久，两人的交流越来越频繁。他们两人都觉得这样的交流太好了：可以把自己的思想用表述给对方的方式增强逻辑性和系统性，还能检验和修正不当之处；同时，这种科学对白还可以增长知识，开阔视野。渐渐地，他们谁也离不开谁了。

米列娃在爱因斯坦从科学对白中清醒过来后，总是细心地关心爱因斯坦的生活。米列娃给爱因斯坦的大学学习时光带来了快乐，更重要的是这些快乐改变了爱因斯坦的性格，使他从一个腼腆、不爱说话的少年成长为一个性格开朗、举止文雅、雄辩滔滔的青年。

热恋使爱因斯坦和米列娃增加了科学知识，却耽误了学校的学业。1900 年，爱因斯坦在毕业考试中仅以中等水平通过，米列娃则未能通过。

1901 年，爱因斯坦对米列娃说："如果要把相对运动课题做成功，只有你能帮助我。"爱因斯坦在大学期间就开始研究相对论了，而研究相对论需要大量的数学计算。在数学计算方面，爱因斯坦离开米列娃是不行的。

米列娃虽然未能通过大学考试，但她的数学天才是惊人的。米列娃成了爱因斯坦的良师益友。后来，他们商定，一旦爱因斯坦有了稳定的收入便举行婚礼。

二 相对论横空出世

1. 谋 职

1900 年，爱因斯坦迈出了大学的校门。在这长达四年的时间里，爱因斯坦倾注全部精力从事科学研究，从未想过毕业后的出路问题。

为了找一份稳定的工作和米列娃结婚，过上安定的生活，爱因斯坦开始寻找教员的工作。可是大学毕业就意味着失业，这是爱因斯坦未曾料到的。走出大学校门的爱因斯坦很快成了一个无工作、无收入、无国籍的"三无"流浪汉。

为了吃饭，为了生活，爱因斯坦不得不四处找工作，几乎走遍了整个苏黎世。可是无国籍的身份，使爱因斯坦在求职的路上举步维艰，四处碰壁。

1901 年 2 月 21 日，爱因斯坦花掉了多年来的全部积蓄，经过一番周折，取得了瑞士国籍。可是他虽然拿到了瑞士国籍，但求职仍然不是一件容易的事。爱因斯坦为了找工作，不得不饿着肚子在苏黎世街头徘徊了六个月之久。

爱因斯坦没有灰心，继续搜寻招聘教员的信息。经过不懈的努力，终于有了结果，爱因斯坦成了温特图尔职业技术学校的临时教师。

爱因斯坦执教后，努力使课堂变得生动活泼，兴趣盎然。他忘不了少年时代学校给他带来的痛苦。他说："今天，既然由我执教了，我决不让我的学生再受我曾经受过的痛苦。"

爱因斯坦从心里喜欢孩子，无论何时何地，他都能很快地理解孩子。爱因斯坦与孩子只需彼此相视即可成为朋友，对他来说，孩子的天真和好奇，以及强烈的求知欲望都具有强烈的吸引力。

爱因斯坦喜欢孩子不受任何传统的束缚，他们率直的提问，丝毫不因暴露知识缺乏而感到窘迫，这让爱因斯坦非常高兴。爱因斯坦不厌其烦地解答孩子们提出的任何问题。在孩子们的眼里，爱因斯坦不但是教给他们知识的师长，更是一位大朋友。

不料，爱因斯坦违反常规教学的做法引起其他教师的不满，也使校长十分恼怒。爱因斯坦想不通，忍不住大发议论："我发展孩子们的个性，给他们提供自由发展的机会，并教给他们所需要的知识，使他们健康成长，迅速发展，这有什么错？"

校长很快知道了这番话，认为爱因斯坦太自以为是了。结果，爱因斯坦失去了千辛万苦找到的这份工作。1901年秋，爱因斯坦又失业了。

虽然四处碰壁，但爱因斯坦并未放弃对物理学的热爱，他一次又一次向科学殿堂发起冲击。

在温特图尔代课时，爱因斯坦上午教完五六个小时的课之后，依然精力充沛，下午或是去图书馆进一步自修，或是在家研究相对论。

这时，爱因斯坦写信告诉他的好朋友格罗斯曼，说他正致力于气体动力学理论的研究，思考着物质相对于以太的运动。

不久，爱因斯坦流浪到夏富豪森——莱茵河畔的一座小城镇。爱因斯坦在朋友的推荐下进了一所私立中学生寄宿学校当补习教师，校长让他把学生们教好以便应付毕业考试。但是，爱因斯坦和校长的教学观点不一致。不久，校长开始不满这位补习教师表现出来的独立性和自主性。于是，爱因斯坦又被解雇了。

爱因斯坦再度失业，但贫困和屈辱并未使他降低人格，摇尾乞怜。他用幽默来排遣愁闷，在给一位同学的信中，他这样写道："上帝创造了驴子，给了它一张厚皮，这使驴子的处境比我有利……"

爱因斯坦把痛苦咽到肚里，他常说："我最后还有一条出路呢，我可以拿起小提琴挨家挨户去演奏，总能挣几个钱的。"

爱因斯坦失业后，继续四处寻找工作。他来到意大利，决定去父母定居的米兰碰运气，可找工作的愿望再次落空，爱因斯坦一边走一边想："我该怎么办呢？"忽然，他自言自语地说："对了，格罗斯曼不是对我说过，有什么困难可以向他求助吗？"

于是，他立即给格罗斯曼写信，谈了自己的近况。这时，格罗斯曼刚留校当助教不久，没有能力替爱因斯坦在大学谋到一席教职。但是，格罗斯曼的父亲是伯尔尼专利局局长哈勒的老朋友。为了帮助最要好的朋友爱因斯坦，格罗斯曼便求父亲去找老朋友。1901 年 12 月 11 日，报上登出了伯尔尼专利局的《征聘启事》："征聘二级工程师。应聘者需受过高等教育，精通机械工程或物理学。"

爱因斯坦接到老朋友格罗斯曼传来的喜讯，立即前往伯尔尼，租了一间小屋住下来。伯尔尼，德文意思是"熊出没的地方"。伯尔尼城始建于 12 世纪末，至 18 世纪建成。自从 1848 年瑞士联邦政府设在这里后，伯尔尼一直是瑞士的政治和文化中心。

爱因斯坦兴冲冲地奔向伯尔尼专利局，哈勒局长礼貌地让爱因斯坦坐下，然后拿出了几份专利申请书，让爱因斯坦当场提意见。爱因斯坦不懂工程技术，更不懂工艺知识，可他十分机智，他对新事物的敏锐反应和逻辑思维能力给哈勒局长留下了深刻的印象。

哈勒局长向爱因斯坦介绍了专利局的工作："假如有人发明了一样东西，那个人便会到专利局来。专利局主要的工作就是审查这人的发明，是不是模仿或剽窃了他人的发明。还有，发明人所提出申请书大多不合法律程序，他们虽然有发明的才能，但很多人不能很好地将它制图，不会写书面说明。在这种情形下，我们就要替发明人服务，将他们的申请书修改成法律上有效的文件，以便保护他们的发明权。我们的工作大概就是这些，你愿意来局里上班吗？"爱因斯坦觉得这些工作并不难，就用谦虚的态度回答道："我想我会的。"

接着，哈勒局长放下有关专利的事，和爱因斯坦谈起物理学，从牛顿谈到麦克斯韦。哈勒看出这个语气温和的年轻人确实像老格罗斯曼介绍的那样，是有天份的，于是他决定录用爱因斯坦。这样，爱因斯坦终于找到了一份稳定的工作，结束了流浪汉的生活。

2. 相对论的摇篮

在一幢破旧的小房子里，爱因斯坦住了下来。哈勒先生通知他，专利局一有空缺，他就可以正式上班了。在待职期间，他可以担任家庭教师谋生。

伯尔尼是瑞士的首都，那里有很多学生。而爱因斯坦精通物理学，当家庭教师完全没问题。于是，伯尔尼报上出现了一则广告："爱因斯坦，联邦工业大学毕业。讲授物理课，每小时 3 法郎，有意者请洽谈。"广告吸引的学生寥寥无几，但此时的爱因斯坦已不再为工作发愁，他很快就会到专利局上班了。

1902 年 3 月底，一个应广告而来的学生找到爱因斯坦，他是罗马尼亚人，名叫莫里斯·索洛文。他来苏黎世上大学，希望学到更多的物理学知识。他和爱因斯坦谈得十分投机，并结成了终身友谊。

索洛文在大学学习哲学、文学、希腊文、数学、物理学、地质学，还在医学系听课。作为阐明自然界的手段——理论物理学引起了他的兴趣。当索洛文和爱因斯坦初次相见时，虽然爱因斯坦是在半明半暗的楼道里迎接他，可爱因斯坦那双大眼睛射出的不寻常的光使索洛文感到惊讶。他发现自己和爱因斯坦的观点和兴趣是一致的。从此，他们以长时间的讨论代替了上课。

这样，私人授课变成了聚会、读书、讨论、探索和研究。几个星期后，哈比希特也来参加他们的讨论，他来伯尔尼是为了完成大学学业。

他们通常在课后见面，一起散步或在某人的寓所里闲谈，或一起阅读物理学大师的著作。他们研究过斯宾诺莎和休谟的一些哲学著作，马赫、阿芬那留斯、毕尔生的新著，安培的《科学的哲学经验》，亥姆霍茨的文章，黎曼的著名演讲《论作为几何学基础的假设》，戴德金和克利福德的数学论文，彭加勒的《科学的假设》，以及许多别的东西。

他们还一起读过索福克勒斯的《安提戈涅》、拉辛的《昂朵马格》、狄更斯的《圣诞节的故事》、塞万提斯的《堂吉诃德》和世界文学的其他代表作品。他们经常就某一句话展开争论，争论往往持续到深夜。

在米列娃搬来之前的日子里，朋友们是在一起吃饭的，午餐通常是灌肠、干酪、水果和加了蜂蜜的茶。授课收入不多，课又少，爱因斯坦常开玩笑说："也许走街串巷演奏小提琴更好些。"但是，他们觉得在一起研究学术非常幸福。索洛文曾引用伊壁鸠鲁的名言说："欢乐的贫困是最美好的事。"

团结、友爱、共同的兴趣和思想使他们三个人心心相印，他们干脆为三人世界起了个名字：奥林匹亚科学院精神的欢悦与物质的贫困之间反比越大就越会产生奇迹。

三人世界形成后不久，奥林匹亚科学院又增加了新的成员：一个是爱因斯坦的同事贝索；还有一个是爱因斯坦的妹夫温德勒，他也是爱因斯坦读书时的朋友。

贝索于1904年由爱因斯坦介绍进入伯尔尼专利局。他们一起工作，一起探求真理。贝索在哲学、社会学、医学、技术、数学和物理学方面的渊博知识，使爱因斯坦与他成为挚友。爱因斯坦曾说："贝索是我在整个欧洲都找不到的新思想更好的共振器了。"

贝索具有惊人的能力，能接受新思想，并给新思想增加一些非常重要而又有欠缺的部分。贝索在谈到他和爱因斯坦的关系时说："这只鹰用自己的双翼把我——麻雀——带到了辽阔的高空。而在那里，小麻雀又向上飞了一些。"

他们初次相见时，爱因斯坦提出了相对论的思想。听完爱因斯坦的解释之后，贝索强烈地感觉到科学史上一个新的时代开始了。贝索与爱因斯坦围绕这个新思想展开了持续的讨论，这使爱因斯坦受益匪浅，以致爱因斯坦在《论动体的电动力学》这篇著名论文中说："最后，我要声明，在研究这里所讨论的问题时，我曾得到我的朋友和同事贝索的热诚帮助，要感谢他的一些有价值的建议。"

伯尔尼时期的生活紧张而有趣。索洛文回忆说："朋友们谈论完和抽完烟之后就听爱因斯坦演奏小提琴，有时则去散步。"

在散步途中，他们继续讨论。他们曾在午夜攀登位于伯尔尼南面的古尔腾山。夜空的星辰把他们的思想吸引到天文学问题上，于是谈话又被添注了新的活力。他们在山上待到天明并观看日出，看太阳如何从地平面冉冉升起。当隐约可见的阿尔卑斯山染上一层迷人的绯红色时，巨大的山国以深沉的宁静感召这一群新时代的精英，让他们与天地交融在一起。

清晨来临了，他们相拥走进小饭馆，喝过咖啡，大约9点钟才下山。这时，他们虽然极为疲惫，但感觉十分幸福。

有时，他们徒步到20公里外的图恩城去，从早上6时持续到中午。在阿尔卑斯山，他们谈起地球的历史，山脉的形成。他们在城里用过午饭，然后在湖畔待上一整个下午，傍晚才乘火车返回伯尔尼。

多年后，爱因斯坦回忆说："奥林匹亚科学院是我的科研成果——相对论的摇篮。"

3. 伯尔尼专利局

爱因斯坦在1902年6月16日得到了伯尔尼专利局的正式任命，他被聘为三级专家，实际上就是技术审查员，年薪3500法郎。

爱因斯坦应聘二级工程师，结果降为三级，名称也改了。但是，这些对于爱因斯坦来说都无关紧要。他有了固定的职业，不必再为生活操心，可以在工作之余专心致志地研究他心爱的物理学，这让他十分满意。

米列娃按照大学读书时的约定，向爱因斯坦提出结婚的请求："如今，生活有了保证，可以说是初步稳定下来了。那么，我们是不是可以考虑结婚的事情了？"爱因斯坦点了点头，这是他求之不得的事。要研究相对论，他是离不开米列娃的。

爱因斯坦在专利局工作不到两天，就熟悉专利局的工作了。正如局长所说，他很快就学会了专利局的业务。对于爱因斯坦来说，那些工作太容易了。别人要花一天时间才能完成的工作，他不到三小时便做好了。这样，剩下的时间，他全用来研究物理学了。

在专利局工作的9年是爱因斯坦记忆中最快乐的时光，同时也是他创造性最强、科学成果最多的阶段。有人或许以为像爱因斯坦这样的天才被那些无聊的琐事占去宝贵的时间，爱因斯坦一定会感到不满。事实上，他很喜爱专利局的工作，干得相当起劲。因为这工作不仅给他提供了与米列娃结婚的可能，还扫除了他的后顾之忧，为他提供了研究物理学的机会。

爱因斯坦每天上午步行到专利局，走上四楼，坐在他那间狭长的办公室里，愉快地投入工作。当时，专利局里使用的是一种长腿座椅。那些审查专利的工程师和专家们个个都把上身往后一仰，双腿放到办公桌上，悠闲地审查发明人送来的图纸。爱因斯坦不习惯这样的坐姿，他愿意聚精会神地伏案工作。于是，他用锯子把椅腿锯掉了一截。这样，他可以趴在桌子上工作了。爱因斯坦很快赢得了上司的喜爱，号召同事们向他学习，爱因斯坦成了大家的榜样。一个同事问爱因斯坦："怎样才能做一个好员工？"爱因斯坦微笑着说："这里有一个公式：A＝X＋Y＋Z。在这个公式中，A是成功，X是干活，Y是游戏，Z是沉默。"

爱因斯坦坐在办公室里审查一份份专利申请，像局长所要求的那样提出一针见血的意见，并且写出精确的鉴定书。

当时，正是人类发明欲望极强的时代，人们都在开动脑筋搞发明，都想取得专利权。但是，呈报上来的新发明大部分是无关紧要的小玩意儿，还有不少是永动机之类的无聊东西。

爱因斯坦带着怀疑的眼光审视这些五花八门的新发明，敏锐的直觉使他很快就能从复杂的图纸中抓住本质的东西。错误的、异想天开的，不理会；有价值的、新颖的发明和创造，则分别写出鉴定书。一天的工作，他往往不到半天就做完了。

接着，爱因斯坦就开始做他的物理学研究了。原来，这就是他那个成功公式中的游戏Y啊。一行行数字，一个个公式，很快就写满一张纸。一张张纸很快就变成了一个小山丘。爱因斯坦眼睛盯在纸上，耳朵听着门外，一有脚步声，他就赶紧把纸藏到抽屉里去。因为局长规定上班时间不准做私事。

下班之后，爱因斯坦回到家里，又继续做他那发现自然规律的工作了。这工作什么时候结束，他也不知道。上班是有钟点的，下班以后，墙上挂钟上那两根指针对于爱因斯坦来说是没有任何作用的。

爱因斯坦曾说："我的本职是科学家，当我研究得疲倦的时候，我就做专利局的工作，这可以说是很适当的休息。"爱因斯坦没有成为专利局工作的奴仆，没有被专利局的审查工作束缚手脚。他一面从事专利局的工作以获得生活保障，一面又利用做好工作之外的时间从事科学研究。渐渐地，爱因斯坦在物理学方面有了新的发现。

有了固定工作后，爱因斯坦在伯尔尼克拉姆胡同 49 号租了一套便宜的住房，准备成家。

来伯尔尼之前，爱因斯坦就有了和米列娃结婚的打算。米列娃虽然比爱因斯坦大，但她很有智慧，凭着对物理学、数学、哲学的成熟思考和精湛的钢琴演技使 17 岁的爱因斯坦陷入爱情。她扎实的数学演算功底为一向憎恨数学演算的爱因斯坦在婚后不久推出那个举世闻名的质能公式提供了不可忽略的贡献。她为爱因斯坦的推理提供了证据。有人说，没有她，爱因斯坦的创举只能停留在想象阶段。但是，两人的爱情从一开始就遭到来自爱因斯坦家庭的阻挠。爱因斯坦的父母强烈反对这门婚事，他们觉得米列娃相貌平平，腿脚还有毛病。但爱因斯坦依旧选择和米列娃在一起。

1903 年 1 月 6 日，爱因斯坦和米列娃结婚了。婚礼十分简单。婚后，米列娃把心思完全放在丈夫身上，承担了全部家务。她尽最大努力帮助爱因斯坦，让他专心搞科研。为了挣钱贴补家用，她还办了一个大学生家庭旅店。

一年多后，1904 年 5 月 14 日，米列娃生下一个儿子，取名汉斯。儿子的出生给爱因斯坦带来了极大的欢乐，爱因斯坦当上了爸爸，从此步入了人生新的阶段。

1904 年 9 月 16 日，爱因斯坦转为专利局正式职员。1906 年 4 月 1 日，爱因斯坦被提升为二级技术专家，年薪增至 4500 法郎。

这时，爱因斯坦在专利方面的技术已经过硬了，哈勒局长赞扬说："爱因斯坦是专利局最受尊重的专家之一。"

米列娃做家务时，爱因斯坦总是左手抱着儿子，右手做着计算，房间里时不时响起孩子的哭声和爱因斯坦哄孩子的声音。虽然很辛苦，但喜欢孩子的爱因斯坦十分高兴。

爱因斯坦常常推着一部婴儿车在伯尔尼的马路上哄孩子，每走十几步就停下来，从上衣口袋里掏出纸片和铅笔，写下几行数字或公式。然后，他低头看一眼车里的儿子，抬头看一下钟楼上的大钟，如果没到回家的时间，他便继续向前散步。散步结束时间一到，爱因斯坦立即赶回克拉姆胡同，把儿子交给米列娃，自己去做尚未完成的研究。

4. 狭义相对论

相对论是 20 世纪物理学史上最重大的成就之一，它包括狭义相对论和广义相对论两个部分。狭义相对论变革了从牛顿以来形成的时空概念，提示了时间与空间的统一性和相对性，建立了新的时空观。

爱因斯坦在专利局工作的几年中，除了与几位要好的朋友时常聊天或偶尔聚会之外，没有其他的社交和应酬，大量的时间都用于对物理学的研究。

爱因斯坦以前的物理学是以牛顿的运动定律为基础而发展起来的，由牛顿创设的物理学理论在 200 年间没有过丝毫动摇，一直是所有科学家的理论基础。牛顿的理论说来很简单，那就是"质量"和"力量"有相互关系，并用两个定律说明其关系。

"一切物体，除非加以外来的力量，则静止者永远保持其静止状态，运动者永远继续其同方向、同速度的运动状态。"这是所谓的"惯性定律"。

"物体受外力作用时，其动量的变化与物体质量的大小无关，与外力的大小及作用时间成正比；且变化的方向同外力的方向一致。当物体受力作用时，则必生一种与外力相等、方向相反的力，即反作用力。"这是"反作用定律"。

牛顿认为世界是绝对的，时间和空间都是不变的。在牛顿宇宙观中，时间流逝时，现在以至将来永远采用同一速度，未来可以完全由过去来预测。在爱因斯坦宇宙观中，时间不再是绝对的，时间流逝的速度取决于观测者。

爱因斯坦在未发表狭义相对论之前，只要他一有新的想法与发现，总要对好友格罗斯曼讲，格罗斯曼是爱因斯坦"相对论"学说的"第一见证人"。

有一天，爱因斯坦向格罗斯曼详细说明了他的相对论学说。他说："宇宙间没有绝对的静止，我们应该改变我们的观念，认为一切都是相对的，并以这种观点来观察一切事物。例如，我们说一班火车以每小时 100 公里的速度行驶，这种说法是没有意义的。我们应该说成'对于地面而言，时速 100 公里'，这样才算正确。当你坐在车上时，你会看到窗外的景物以极快的速度往后跑；而当你看到时速 80 公里普通班车时，你会觉得班车在向后行驶着。你再看地板时，地板则一点也没有动。我再举个例子：假设你带着一只码表，站在一条大河的岸上。在河上，有一只船用极快的速度顺流而下，在那只船上有人相隔一分钟放出两个烟火。当船经过你面前时，放出第一个烟火，你立即按下码表。而当你看到第二个烟火时，再看看你的码表，一定比一分钟还多一点。为什么呢？这是因为船也在动。在放那两个烟火的时候，假如船停着不动，那么，间隔的时间，不论是从船上或岸上看来，都是同样准确的一分钟。但因为船也在动，在河岸测得的时间便比在船上测得的要长一些了。换一句话说，时间也是相对的。"

接着，爱因斯坦又根据相对论原理，向格罗斯曼推导出了物体的质量也与运动密切相关的结论，运动速度增加，能量也随着增加，并得出了质能关系式：$E=mc$，E 表示能量，m 是质量，c 是速度。这里的"质量"是指重量。一切物质都有与重量乘速度平方相等的能量。即物体转化为能量时，能量的总值相当于它的质量与速度平方的乘积，从而提示了原子内部所蕴藏的巨大能量这一秘密。爱因斯坦说："这是一个惊人的数字，但事实的确如此。换句话说，一磅的物体所含有的能量，就相当于 3600 万吨炸弹爆炸时所产生的能量。"

对于相对论原理，爱因斯坦自己曾做过简明扼要的说明："要点是这样的：过去人们认为，假如由于某种奇迹，一切有形体的事物突然一下子消失了，那么空间和时间仍会留下来；按照相对论的观点来说，空间和时间是和一切有形体的事物一起消失的。"

时间、长度和质量是力学研究中的三个基本量。在牛顿的力学中它们是绝对的、不变的；可在相对论中，它们却又变成了和测量者所在的坐标系有关的量。

此外，在牛顿的力学中，质量和能量二者分明，互不相关，各自守恒。而在相对论中，牛顿的守恒定律变成了质能守恒定律，即 $E=mc$。于是，空间和时间统一起来了，物质和运动统一起来了，质量和能量统一起来了。

爱因斯坦的相对论完全将宇宙面貌改变了，过去人们所认识的宇宙是由牛顿描绘的"绝对空间"与"绝对时间'的世界依照牛顿的法则在运动着，那里存在"质量"与"力"。爱因斯坦将牛顿的宇宙从根本上打破了。照他的理论，质量与力是密不可分的，质量就是力，力就是质量。不但如此，隔开空间与时间的一道围墙也被拆除了，空间就是时间，时间就是空间。

过去，人们是住在三元世界里；而现在，经过爱因斯坦的研究将它扩展成四元世界了。

假设有一班火车从车站出发向东行驶，一小时以后火车的位置在哪里？我们只要指示线路上的一点就行了，因为火车是在铁轨上行驶的。这里的线是一元世界。

但是，轮船就不这么简单了，因为海上没有轨道，轮船的行驶更加自由。我们要明了轮船的所在，就必须标明北纬几度，东经几度，用两个数字表示出来。这里的平面是二元世界。

说到飞机，它的飞行就更加自由了。人们要明了它的所在，只说东经和北纬是不够的，还必须加上"海面上 x 公尺"这个数字，才能够表示它的位置。这里的立体是三元世界。

其实，要决定飞机的位置只有这些还不够，必须要弄清楚几时几分几秒，因为飞机移动的速度太快，它的位置在一瞬间就变了。在宇宙中，一切物体都在动，只有运动着的物体才是事实，即没有绝对空间，也没有绝对时间，简单地说，立体加上时间，就成为四元世界了。

对于爱因斯坦所创造的伟大奇迹，在相对论产生的年代就有人这样赞扬他："爱因斯坦是使物理学发生革命的天才，是真正的 20 世纪的哥白尼。"

在伯尔尼的岁月里，爱因斯坦在科学上取得了丰硕的成果。这一研究成果的问世，就像闪电划破了时代的夜空一样。

1905 年，26 岁的爱因斯坦取得了三项科研硕果。对物理学史来说，这是革命的一年：相对论诞生了。在这一年，莱比锡出版的《物理学纪事》杂志上发表了爱因斯坦的三篇论文：一篇是讨论布朗运动的，用最有力的证据证明了分子的存在，这使爱因斯坦在物理学史上占有光辉的一页；一篇是发展普朗克的量子论的，它提出了光量子假设。后来，因为这篇论文，爱因斯坦获得了科学界的最高奖——诺贝尔奖；第三篇是《论动体的电动力学》，这是相对论的第一篇论文，它开创了物理学的新纪元。

一个 26 岁的青年，伯尔尼专利局里默默无闻的小职员，取得了这样丰硕的成果，这在科学史上不能不说是一个奇迹。

人们都说爱因斯坦是天才，爱因斯坦却不这么看，他对为他写传记的作家塞利希说："我没有什么特别的才能，不过喜欢刨根问底地研究问题罢了。"

5. 走向教授的路

爱因斯坦的相对论发表以后，他那伟大的学术成就并不是一下子就被世人接受的。把爱因斯坦看作是"20 世纪的哥白尼"的是普朗克教授，他是第一个赏识爱因斯坦的人。在他的一生中，保护了好多科学家。

普朗克生于 1858 年，比爱因斯坦大 21 岁，是德国物理学家，量子论的奠基者。他是 20 世纪最重要的物理学家之一。

普朗克看到爱因斯坦的论文时，正生病在家。看完文章以后，他激动不已，他意识到物理学的革命时代来到了。于是立即给爱因斯坦写信，询问他的职业，以及在学术界担任的职务。在信中，普朗克还说："你这篇论文发表之后，将会发生这样的战斗，只有为哥白尼的世界观进行的战斗才能和它相比。"当爱因斯坦回信告诉普朗克他是瑞士专利局的一个青年技师的时候，普朗克又感动又感慨："这样一位天才的物理学家，连在大学教书的机会都没有，却在专利局干些琐事。"

　　普朗克立即给苏黎世工业大学格鲁涅尔教授写了一封信推荐爱因斯坦，说他是我们时代最伟大的物理学家之一。格鲁涅尔教授看完普朗克的推荐信后，高兴地说："无论如何，我们必须聘请爱因斯坦到大学来。"但是，爱因斯坦并不愿意担任大学教授。爱因斯坦在给普朗克的回信中说："谢谢您的好意。不过，我对于现在这个工作感到很满意。"

　　爱因斯坦认为，如果当了大学教授，就必须花费很多时间备课和指导学生，倒不如做专利局的职员较有时间搞科研。在爱因斯坦心里，名誉并不算一回事，只要能埋头搞科研就好。

　　1907 年，爱因斯坦的好朋友，已升任苏黎世联邦工业大学教授的格罗斯曼写信给爱因斯坦，建议他向伯尔尼大学申请编外讲师的职位，然后再申请苏黎世联邦工业大学的教授职位。因为按当时的规定，先要当一段时间没有薪水的编外讲师，才能被任命为教授。他在信中说："你不能一直做专利局的小职员。为了完成你的相对论，你还是应该去做大学教授，进入学术界。"

　　当时的编外讲师不是教师，大学或其他任何官方机关都不发薪金给他们。成为编外讲师只是有资格在受聘的大学里讲课，唯一的报酬是听课人所付的极少的听课费。那时，常有人说，只有本身富有的人或者与富人联姻的人，才可以考虑到大学任教。

　　在好友的劝说下，爱因斯坦终于决定在专利局工作的同时，提出到大学任教的申请。这年 6 月 17 日，爱因斯坦寄了一封信给伯尔尼州当局，内附他的博士论文，以及已经发表的 17 篇论文的副本，还有所学的全部课程简介。

　　1908 年 2 月 28 日，爱因斯坦收到一封信，通知他说他的申请被伯尔尼大学接受，并授予他讲课的权利。这样，爱因斯坦终于顺利进入大学执教。

爱因斯坦的名声越来越大，许多人慕名拜访他，向他请教。在物理学领域能读懂相对论的人，都打听爱因斯坦究竟是谁，现在哪里。

后来获得诺贝尔奖的物理学家劳厄，当时还很年轻，正在做普朗克的助手。刚到柏林大学，普朗克就讲了相对论，他没听懂，却知道了相对论的重要意义。他打定主意，一放假就去伯尔尼大学向爱因斯坦请教。一到伯尔尼，听说伯尔尼大学没有爱因斯坦教授，伯尔尼专利局里倒有一位爱因斯坦公务员，劳厄一听就愣了。赶到专利局，劳厄见一个年轻人正在走廊里来回踱步。那人身穿一件格子衬衫，头发乱得像团草。专利局的走廊空荡荡的，劳厄只好拉住眼前这位年轻人问道："爱因斯坦博士在哪里办公？"其实，这位年轻人就是爱因斯坦。爱因斯坦过了好半天才领悟这句话的含义，大眼睛里泛着歉意说："对不起，我就是。"劳厄大吃一惊，但很快就笑了。几分钟后，两个同龄人在一家小餐馆坐下来，开始了他们一生的友谊。

老同学劳布到伯尔尼探望爱因斯坦时，爱因斯坦正跪在地上生炉火，听说老同学请教物理学问题，他摊开一双黑手，幽默地说："你看，我和人谈辐射，可是这个倒霉炉子就怎么也辐射不出热来。"

伯尔尼对物理学家产生了吸引力，连普朗克教授也打算到伯尔尼来。普朗克曾写信给爱因斯坦说："明年我可能到瑞士度假。虽然还很遥远，但一想到能和你会面，心里别提有多高兴了。"

1909年7月，爱因斯坦第一次获得学术荣誉——日内瓦大学教授与名誉博士称号，校方还邀请他出席350周年校庆。

日内瓦有"欧洲花园"之称，是瑞士的第二大城市。在日内瓦南面，阿尔卑斯山蜿蜒起伏，上面有晶莹的雪峰、浓密的树林、清澈的山涧、漫山遍野的花草。景色秀美，风光宜人。阿尔卑斯山是欧洲的最高山峰，欧洲的大多河流都发源在这里。

在日内瓦大学 350 周年庆祝会上，爱因斯坦的草帽和普通的西服在来自世界各地的 200 多名代表的各式各样的名贵服装中显得太普通了。

这年 9 月，爱因斯坦又到萨尔斯堡参加"德国自然科学家和医生协会"第 81 届年会。这是他第一次应邀做学术报告，也是爱因斯坦第一次和物理学界的同行相会，大家已把他列入巨人之列了。

萨尔斯堡是奥地利第四大城市，也是奥地利历史最悠久的城市，伟大的音乐家莫扎特就诞生在这里。

在这次年会上，爱因斯坦和普朗克会面了。爱因斯坦把双手向普朗克伸去，创立相对论和量子论的两双巨人之手紧紧地握在一起了。

三 教授生涯

1. 苏黎世联邦工业大学副教授

1909 年 10 月，从萨尔斯堡回来后，爱因斯坦辞别了哈勒局长和专利局的同事，到苏黎世联邦工业大学担任副教授。这年 10 月 22 日，爱因斯坦带着全家迁往苏黎世。

为了给爱因斯坦谋职，他的同窗好友——当时已升任教授的格罗斯曼极力向苏黎世联邦工业大学建议道："现在，爱因斯坦置身于最重要的理论物理学家之列，已经得到认可。鉴于他的相对论原理、不同凡响的鲜明概念和对思想的追求以及明晰精确的作风，应该来我校任教。"格罗斯曼教授明智的判断、全力的推荐终于打消了学校教师委员会的疑虑，不再因为爱因斯坦的出身而拒绝聘请他。

1909 年 3 月，联邦工业大学教师委员会秘密投票，以 10 票赞成，1 票弃权通过了爱因斯坦的任职申请。

还有，爱因斯坦的竞争对手阿德勒也帮了许多忙。阿德勒是爱因斯坦在苏黎世联邦工业大学读书时的校友，毕业后留校任教。当他知道校方要聘自己而放弃爱因斯坦时，正直和诚实的美德促使他站出来坚决制止了校方的决定。他向校方反映说："如果我们学校对像爱因斯坦这样的人弃而不用，反而聘用我，那将是荒谬的。他是极为难得的大学者。请你们立刻撤销我的任命，聘请爱因斯坦来当教授吧。"爱因斯坦听说这事后，由衷地感激这位校友。

爱因斯坦能回母校任教，米列娃格外高兴。旧日的朋友常来探望他们，向他们送上祝福。

爱因斯坦终于作为一名学者站在大学讲台上开始授课了。在这一时期听过爱因斯坦的课的人回忆说："当爱因斯坦身着半旧上衣、下穿九分裤登上讲坛时，他胸前还挂着一条铁制表链，我们对这位新教授都不免心存怀疑。但他一开口讲话，就以独特的讲授方法征服了我们的心。爱因斯坦讲课时用的手稿是一个如名片大小的笔记本，上面写明他在课上想要阐述的各种问题。而讲课的具体内容则带有随机性。像这样的方法对大学生来说更有吸引力。也让学生亲眼见证了科学的成果是通过什么样的独创方法产生的。课后，我们觉得我们自己也能讲课了。"

科学成果的这种自然传授，不仅是爱因斯坦教学方法所特有的，而且也是他的研究方法和他的思维方式所特有的，在教学方法与课程的内容之间有一种深刻的和谐。

爱因斯坦在课堂上讲的主要是古典物理学，但现在，在修改了它的基础之后，古典物理学被解释成另一种样子，并因此用另外一种方式阐述了。在学生面前展现的不是秩序井然的建筑物，而是建筑工地。爱因斯坦与其说是向学生们讲解建筑物的平面图，倒不如说是同他们一道讨论重建的方案。学生回忆说："我听过爱因斯坦讲课，真是极有趣味。我有这样的印象，似乎我们自己可以确定题目。他的讲授有时论及古典力学，这门课我们也曾听别的教授讲过，所以能觉察出在处理方式上的不同点。爱因斯坦有时也论及新的思想，如引起热烈争论的普朗克量子论。爱因斯坦的授课，不仅教学内容和授课风格标新立异，而且讲课和课间休息时的一举一动都符合他那独特的个性和思想。要是我们觉得有什么不明白的地方，我们有权在任何时候打断他。我们很快就不再拘束了，有时还提出一些简单幼稚的问题。在课间休息时，爱因斯坦总是留下来和我们在一起，这使我们之间的关系更加融洽了。他为人活跃而朴实，常挽着学生的手，用亲密无间的方式讨论未弄清楚的问题。课后，爱因斯坦总像余兴未尽，问大家说：'谁陪我上咖啡馆？'于是，一些学生前呼后拥地陪爱因斯坦上咖啡馆继续讨论。从物理学问题、数学问题转向各种不同的科学问题和生活问题，天上地下，无所不谈。"

有一次，天色已晚，咖啡馆要关门了，爱因斯坦就把两个学生带回家，让他们读普朗克新近发表的两篇论文，要他们找出其中的错误，而他自己则去给学生煮咖啡。咖啡煮好了，两个学生不好意思地说："实在没看出错误的地方。"爱因斯坦用手指了指说："看，就在这儿。不过，这个错误是纯数学上的，并不影响物理学上的结论。"说罢，爱因斯坦兴致勃勃地阐述数学与物理学之间的关系。

在苏黎世，爱因斯坦和老同学中交往最多的是格罗斯曼教授。

爱因斯坦和阿德勒久别重逢，又住在同一幢楼里，经常一起聊天。有时，他们怕吵着别人，会一起躲进阁楼去谈话。

爱因斯坦在联邦工业大学的年薪和专利局一样，也是 4500

法郎。但是，副教授的头衔却要有副教授的消费，手头拮据渐渐成了家里难以解决的问题，被柴米油盐搅得心烦意乱的米列娃时常与爱因斯坦发生摩擦。

1910年7月28日，爱因斯坦和米列娃的第二个儿子出生了，他们给孩子起名爱德华。小儿子的出生并未使爱因斯坦与米列娃的关系融洽起来，两人的个性都很要强。渐渐地，米列娃觉得嫁给爱因斯坦只能做一个喜欢空想的人的妻子，做一个庸俗的家庭主妇，埋没了她的数学才能，太委屈了。这位大学物理系的高才生，操持家务的本领并不高，家里总是乱糟糟的。她也需要丈夫的照顾和关心，可爱因斯坦却像永远长不大的大孩子，他自己也需要别人的照顾和关心。平时，爱因斯坦也带孩子，可他心不在焉，他的心完全扑在物理学上了。如果让他必须在物理学和家庭之间做出选择，他会毫不犹豫地选择物理学。

2. 布拉格皇家大学教授

1911年初，爱因斯坦收到布拉格皇家大学寄来的聘书，那里的物理学编内教授职位空缺了。

爱因斯坦接到聘书后，犹豫不决。

布拉格皇家大学历史悠久。1867年，马赫在布拉格皇家大学担任实验物理教授，被选为布拉格皇家大学的首任校长。马赫在这里任教近30年，并使这所大学日益闻名。

考虑再三后，爱因斯坦还是应聘了。爱因斯坦应聘后，马赫的学生们提议为爱因斯坦建立一个理论物理教研室。因为在当时，这位相对论的创始人已完全不单单是马赫关于力学观念批判的实践者，更是马赫认识论的拥护者。

爱因斯坦在书信中自称是马赫的学生，他认为应该把近代物理学家都看作是力学家，对这种见解的形成，爱因斯坦起了推动作用。

按照规定，在宣布委任之前，需要有被荐人的推荐书。他们请德国最著名的理论物理学家普朗克做推荐人，普朗克在推荐书中热烈地赞扬爱因斯坦："要对爱因斯坦的理论做出中肯评价的话，那么可以把他比做 20 世纪的哥白尼，这也正是我所期望的评价。"

1911 年秋天，爱因斯坦带领全家从苏黎世来到布拉格。从编外副教授到编内正教授，爱因斯坦获得了一种满足感，而米列娃的痛苦却加剧了，她得抛弃熟悉的环境，去一个陌生的地方继续当家庭主妇。

捷克在当时属于奥匈帝国，而在奥匈帝国就任公职要求登记宗教信仰。奥匈帝国弗朗茨·约瑟夫皇帝坚持不许任何一个未正式加入教会的人担任公职。因此，对无神论者按惯例也要根据他的民族指定一种信仰。在办理手续时，根据爱因斯坦的犹太人身份，布拉格当局在爱因斯坦的履历表上填了"信仰犹太教"。其实，爱因斯坦并不是犹太教徒，但想到自己毕竟是布拉格的客人，也就入乡随俗了。

在布拉格，爱因斯坦住进了以前大学学监的住宅，这里的生活条件相当好。在伯尔尼用的是油灯，到苏黎世改用煤气灯，现在则用上电灯了。这是科学技术的进步，也显示了爱因斯坦社会地位的提升。

工资多了，社会地位高了，爱因斯坦的需要却不变，还是那五样：一支笔、一摞纸、一个烟斗、一把小提琴和散步的好环境。

布拉格不同于慕尼黑和苏黎世，第一次从山上俯瞰全城，爱因斯坦就爱上了这座城市。爱因斯坦还是保持着他的老习惯：讲课、实验、读书、搞科研。当爱因斯坦感到疲惫时，便在布拉格的街区散步，并顺便进行礼节性的拜访。

这座城市拥有古老的房舍，还有绿意盎然的公园，令爱因斯坦着迷。他沿着把城市分为两半的伏尔塔瓦河畔行走，看着眼前的美景他感到欣喜万分。他登上了横跨伏尔塔瓦河的查理大桥，心中不禁欢欣雀跃。

在 15 世纪初建成的坦其尔基教堂里，有大科学家第谷的陵墓。墓主在布拉格度过了短暂一生的最后几年。第谷是丹麦宫廷天文学家。在布拉格，他完成了为古典宇宙图像奠定基础的发现，给大弟子开普勒留下了大量天文观察记录。

而开普勒是近代自然科学的开创者之一。他的三大定律奠定了经典天文学的基石，开普勒对天文学的贡献可以和哥白尼相媲美。

爱因斯坦在这里缅怀先人，心潮起伏，久久不能平静。

1911 年，爱因斯坦从布拉格赴布鲁塞尔出席索尔维会议。索尔维是比利时化学家和工业家，他发明的新制碱法使他成了百万富翁。当时，这位制碱大王已经 70 多岁。他却决定仿效瑞典炸药大王诺贝尔，担任起了科学的保护神。索尔维很有远见，他看到物理学正在向原子和电子的微观领域前进，觉得这对于人类的未来将产生巨大的影响。

"怎样促进新物理学的发展呢？"索尔维和他的好朋友能斯特教授谈起这个问题。能斯特提议说："建立一个国际机构，邀请世界各国最杰出的物理学家到布鲁塞尔来做学术报告，并且就当前物理学的危机自由地交换意见。"索维尔接受了能斯特的建议。

这就是在世界物理学发展史上有着重大意义的索尔维会议的开端。

1911 年秋天，索尔维会议向欧洲二十几位著名的物理学家发出邀请，给他们订了头等来回车票，并在比利时首都布鲁塞尔大都会饭店包了几十间头等客房和两个会议大厅，外加每人 1000 法郎的礼金。爱因斯坦接到请柬后，以奥匈帝国皇家大学教授的身份来到布鲁塞尔。

届时，布鲁塞尔可谓群星璀璨。普朗克握住爱因斯坦的手，脸上不禁泛出慈祥的笑容。他亲切地向爱因斯坦介绍说："德国来了能斯特、维恩；法国来了居里夫人、郎之万和彭加勒；英国来了卢瑟福和金斯；荷兰来了洛伦兹和昂内斯……"

这里值得一提的是昂内斯教授，10 年前，他曾让爱因斯坦吃过闭门羹。这时，他正好站在爱因斯坦身边。他不好意思地笑着对爱因斯坦说："现在，应该由我来给你当助教了。你 10 年前写来的那张求职信我还保留着。将来，我得把它送到博物馆去，让后人看看我这个老头子当年有多糊涂。"

爱因斯坦走到"镭的母亲"居里夫人面前，向她问好。她穿着黑衣服，戴着黑手套，是出席会议的唯一女性。两年前，爱因斯坦在日内瓦大学 350 周年校庆上见过她。这时，居里夫人摘下黑手套，露出一双灵活瘦削的手，手指伤痕累累，她笑着说："这就是放射性的功劳，你的公式 $E＝mc$ 的最好证明。"爱因斯坦幽默地说："对不起，都是我的错。"这句话引起了一阵哄堂大笑。

第一届索尔维会议从经典理论开始，以量子论结束，这是有象征意义的。洛伦兹和爱因斯坦是两代人，8 个月前，爱因斯坦曾到洛伦兹家里作客，他非常尊敬洛伦兹。洛伦兹亦深感后生可畏。会后，爱因斯坦给人写信时，说到他对洛伦兹的景仰："……他是一个才智和机智的奇迹，一件真正动人的艺术杰作。我认为，所有在座的理论家中洛伦兹是最有才智的……"

1928 年洛伦兹逝世时，爱因斯坦在他的墓前发表了演说，重复了同样的说法："他把自己的一生安排得如此细致周密，就像创造一件珍贵的艺术作品一样。他总是那样善良、宽宏大量和具有正义感，同时又善于深刻地理解人和环境，这使他无论在哪里工作都能成为领导者。大家都乐于追随他，因为在他身边时，他不是力求支配人们，而是为他们服务。他的著作将世代为人们的幸福和教育服务。"

1911 年，爱因斯坦在《物理年鉴》上发表了题为《关于引力对光线传播的影响》的论文，这是他在布拉格期间最重要的成就。这篇论文阐述了相对性引力理论的基本原理，他说："由星体发射出来的光束在太阳附近掠过时必然会弯曲，这是由于光也有惯性，因而受到太阳引力场的巨大引力作用。"同时，爱因斯坦建议说："可以在下次日全蚀时，通过天文观测来验证这个理论。"但是，由于第一次世界大战的原因，1914 年的考察工作半途而废。直到 1919 年，在爱因斯坦的倡议下，两个英国考察队进行了远程观测，最后爱因斯坦的预言终于被证实了。

关于爱因斯坦在布拉格首次讲课的情景，有一份报道作了介绍："爱因斯坦极为朴实地出现在众人面前，他讲起话来生动而明朗，从不矫揉造作，十分自然，有时还带有使人振奋的幽默。相对论原来是如此简单，这使不少听众为之惊叹。"

在布拉格，爱因斯坦那一头蓬松的黑发和那一双孩子般清澈明亮的大眼睛，那心不在焉的梦游人一样的神情和马马虎虎的衣装，是那样平易近人，哪里像个教授呢？人家嘲笑他，他也嘲笑自己。

谦逊、善良、随和、善意的幽默给爱因斯坦带来了不少朋友，但正是这些品性也给他带来了敌人。谦逊常常被指责为对教授称号态度不恭，冒犯了大学内外的学究集团。爱因斯坦那过于简朴的穿着，不拘一格的授课方式，都让那些守旧的教授们看不顺眼。

但是，爱因斯坦在布拉格皇家大学却赢得了学生们的好评与赞扬。在上课时，他允许、鼓励学生打断他的论述，当场提出问题。他从不摆架子，学生有问题，随便什么时间都可以找他，即使他正在研究最深奥的问题，也总是立即中断自己的工作，十分和气、耐心地解答学生的问题。他还常常和学生一起跑到咖啡馆里，一边喝咖啡一边讨论问题。每当临近下课的时候，爱因斯坦总是对同学们说："各位如果有什么问题，可以随便问我，我不会感到厌烦的，不管是什么时候。我的工作虽然被中断了，但只要办完事情，我很快就能恢复原来的工作。"

这时，发表了相对论的爱因斯坦在科学界的名声越来越大，人们渐渐认识了这位天才的真正价值。欧洲的许多大学都向爱因斯坦发出讲学邀请，甚至远在大西洋彼岸的美国哥伦比亚大学也发来了邀请函。苏黎世联邦工业大学——爱因斯坦的母校再也不敢怠慢这位享誉世界的学生，决定请爱因斯坦回母校主持一个新开设的数学物理学讲座。

面对这么多的邀请，爱因斯坦选择了母校。米列娃不喜欢布拉格，她想念苏黎世。她和爱因斯坦一样，把苏黎世当作自己的故乡。爱因斯坦对母校一直有一种依恋，而且那儿有他的挚友格罗斯曼。1912年秋天，爱因斯坦带着全家回到了母校。

3. 重返母校

回到苏黎世，爱因斯坦走进昔日自己曾坐在里面听课的教室开始讲课了。

他的课堂总是座无虚席。爱因斯坦对于这几年间的变化颇多感慨，浑身充满了力量。同学们都说他讲课讲得好，他也越讲越起劲。

爱因斯坦把以前所发生的一切抛诸脑后，在业余时间争分夺秒，一门心思全力以赴地继续研究物理学，要进一步发展相对论。

与老朋友在苏黎世会面后，爱因斯坦又得向格罗斯曼求援了。12 年前，格罗斯曼曾借给爱因斯坦课堂笔记，帮助他不必去听课，而现在的爱因斯坦急需数学知识，要借助于老同学了。

像米列娃一样，格罗斯曼在数学计算上帮助了爱因斯坦。他与爱因斯坦进行了多次长谈，并把爱因斯坦领进了数学王国，帮助爱因斯坦解决了新的物理学课题。格罗斯曼的鼎力相助使得广义相对论的研究前景明朗化，胜利在望了。

在苏黎世，爱因斯坦讲授过的课程有解析力学、热力学、连续介质力学、热的动力学理论、电和磁、几何光学等。此外，他还主持每周一次的物理学讨论课。

1912 年以编外教授身份来到苏黎世工业大学的劳厄教授回忆说："爱因斯坦每星期主持一次讨论课，在课上报告物理学方面的新成就。讨论课在工大举行，所有的副教授，以及大学的许多物理系学生都来参加……讨论课后，爱因斯坦和所有想和他同行的人到王冠饭店共进晚餐，相对论是讨论的中心。1913 年夏，在热情豪放的埃伦费斯特访问苏黎世时，这些讨论特别热烈。我现在仿佛看见许多物理学家当时的情景，在大家陪伴下，爱因斯坦和埃伦费斯特不时发出欢快的笑声。"

爱因斯坦与埃伦费斯特的友谊持续了 20 年，直到 1933 年埃伦费斯特逝世。这种交往对爱因斯坦有巨大意义。埃伦费斯特是一位富有天才的理论家中最卓越的物理学家，同时又是一个极为谦逊、敏锐和善良的人。他是爱因斯坦最亲密的朋友之一。埃伦费斯特最得意的门生费米，后来成了世界第一枚原子弹的制造者。

1920 年，爱因斯坦接受埃伦费斯特的邀请，成为莱顿大学的特职教授。每年要访问莱顿几个星期，为学生讲课。

1913 年秋，爱因斯坦前往维也纳出席自然科学家会议。他在会上作了关于广义相对论的比较通俗的报告。

在阐明广义相对论时，爱因斯坦付出了艰巨而紧张的智力劳动。所有见过爱因斯坦的人都被他那连续不断的工作所震惊。无论是在同朋友谈话时，还是在家务缠身时，他都不停地工作，给人留下了极其深刻的印象。

爱因斯坦全身心投入广义相对论的研究之中，与格罗斯曼合作写了《广义相对论和引力理论纲要》。在物理学研究领域中，爱因斯坦正一步步走向辉煌的顶点。

这时，爱因斯坦与米列娃越来越疏远，矛盾也越来越深了。米列娃的身体越来越糟，照顾两个孩子已经力不从心，而爱因斯坦根本无暇顾及她。爱因斯坦的广义相对论越来越深奥，米列娃已经帮不上什么忙，反倒成了爱因斯坦的负担。

4. 一束红玫瑰花

爱因斯坦在苏黎世大学担任正教授，有许多事务需要他处理。他要准备讲义，要辅导学生，这些占去了爱因斯坦的大部分时间，影响了他科研工作的正常进行。

这时，远在德国的普朗克教授正在为把爱因斯坦调到德国柏林大学而积极努力着。与爱因斯坦有过两次接触后，又看到了爱因斯坦的科研成果，普朗克更加深刻地认识到了爱因斯坦的价值。普朗克首先为爱因斯坦争取到了普鲁士皇家科学院正式院士的头衔，这令喜欢科研又爱交朋友的爱因斯坦满心欢喜。普鲁士皇家科学院院士是那时学术界的最高荣誉，是科学家梦寐以求的。

由于普朗克的争取，柏林大学同意聘爱因斯坦为教授，并说明爱因斯坦到任后，讲课的内容和时间，都由爱因斯坦自己定。学校里的一切事务他都不必过问，即使不讲课也行。这样有利于科研的条件，让爱因斯坦动心了。既有充分的时间研究学问，又有高薪，而且在学术中心柏林，随时可以和当代科学权威交换意见，互相讨论，这对爱因斯坦来说，简直是太好了。

同时，普朗克还在为爱因斯坦争取正在筹建中的威廉皇家研究所所长的职位。

在美国，在洛克菲勒、卡内基等大富翁的捐助下，设立了很多设备优良的研究所。为此，能斯特和普朗克向德皇威廉二世建议说："德国也应该仿照美国设立研究所，只靠大学是不够的。"于是，德皇威廉二世召集全德国的富翁开会，要他们组织一个威廉协会，设立一个规模庞大的研究所。

这时，有位有远见的大臣向德皇建议说："我们的研究所要符合国际水准，除了德国以外，还必须从外国聘请优秀的学者到研究所来。"威廉二世说："这当然啦。有没有适当的人选？"普朗克赶紧说："有。至少在物理学方面，有位极为合适的人物。除了他，再没有第二个适当的人选了。"威廉二世问道："那是谁呀？"能斯特和普朗克相视一眼，然后向威廉二世报告说："就是苏黎世大学的爱因斯坦教授。他本是出生在我国的犹太人，现在已经入了瑞士国籍。"威廉二世高兴地说："既然是在德国出生的，那再好不过了。马上去请爱因斯坦来。"于是，德国物理学界的两位巨头——普朗克和能斯特联袂到苏黎世去请爱因斯坦。

能斯特于 1864 年 6 月 25 日生于德国西普鲁士的布里森，他的诞生地离哥白尼诞生地仅 20 英里。1887 年，他荣获维尔茨堡大学博士学位，开始在物理化学方面崭露头角。他将热力学原理应用到电池上，这是自伏打先生在将近一个世纪以前发明电池以来，第一次有人能对电池产生电势做出合理解释。能斯特和普朗克都十分器重爱因斯坦，认为他是世界上数一数二的奇才。

两位科学巨人的到访，令爱因斯坦左右为难：他实在不愿意离开苏黎世这个和平、宽松和熟悉的环境；可是，丰厚的待遇，充裕的时间，良好的科研条件，都太有诱惑力了。

柏林是欧洲文明的前哨，是当时最新科学观点和精神生活的中心。无论在艰苦的科学研究方面，或是大胆的哲学探索方面，还是在艺术创作方面，柏林都推崇最新的东西。柏林大学教授在各个方面都起了带头作用，备受人们尊崇。

普朗克对爱因斯坦说："你的生身之地，你真正的祖国在等着你。"

"祖国"这神圣的字眼由普朗克这样的大科学家郑重地说出

来，更具有了一种特殊的力量。爱因斯坦说："我是个和平主义者，德国是不是不太欢迎我呢？"

普朗克说："我们考虑的是物理学家，相对论的创立者，别的我们不考虑……"

爱因斯坦打断了普朗克的话，笑着说，"这算得了什么呢，相对论是不算数的。郎之万说过，全世界只有 12 个人懂相对论。"

能斯特哈哈大笑起来，接着说："这一点我们同意。可是，在这 12 个人里，有 8 个人在柏林呢。"

能斯特说完，大家都笑了。爱因斯坦想了一下说："这样吧，你们二位先到吕吉山去玩几天，现在正是避暑的好时光。等你们回苏黎世时，我到车站去接你们。要是我手里拿着一束黄色的玫瑰花，就表示不去柏林；要是我手里拿一束红色玫瑰花，就是去柏林。"

几天后，游玩归来的普朗克和能斯特乘坐的火车缓缓驶进苏黎世时，他们看到爱因斯坦手里拿看一束红玫瑰花，正在月台上迎接他们。

5.　定居柏林

1871 年德国统一后，工业革命取得了胜利，使一个农业占统治地位的落后国家变成了一个现代工业国家。英国用 100 多年才完成的工业革命，德国仅用 30 年便完成了。从此，德国成为世界上经济最强的国家之一。

在工业现代化的道路上，德国的科学技术得到了迅速的发展，雄心勃勃地要在科学技术领域称霸世界。为了实现这一目标，威廉二世建立了威廉皇帝基金会，设法吸引工业家、商人、银行家等富豪积极为基金会捐款，建立研究机构。基金会的人员被赐予参议员的头衔，有机会与皇帝共进早餐，并可以与皇帝在餐桌上谈话。这样，富豪们虽然捐了大笔的钱，却认为十分值得。至于用他们的捐款所建立的研究机构对德国的科学技术究竟起多大作用，他们既不关心，也不过问。

1910年10月11日，威廉二世在柏林大学百年庆祝大会上宣布了他雄心勃勃的计划："为了强国兴邦，要创建独立的研究所。"

1911年1月11日，威廉皇帝学会正式成立，并决定首先建立一个化学研究所。化学研究所的正式落成仪式是在1912年10月1日举行的，威廉二世亲自出席了仪式。哈恩、梅特涅等许多优秀科学家先后进入这个研究所。

后来，又成立了威廉皇帝物理化学和电化学研究所，由哈伯任所长。哈伯这个所长是由考培尔指定的，考培尔是一位富翁，是奥厄集团的董事长，物理化学和电化学研究所的经费就是他提供的。接下来，又成立了威廉皇帝物理研究所，由爱因斯坦担任所长。

由于威廉二世重视科学事业的发展，加上采取了"官办民助"的方针，德国的科技事业迅速发展，终于冲到了世界最前面。

柏林科学院早已盼望爱因斯坦的到来了。1911年，诺贝尔奖获得者——物理化学创始人范特霍夫逝世后，柏林科学院就想找一位继承人担任常务院士。当年老的伦琴谢绝接受这个职务后，柏林科学院想到的第一个人选就是爱因斯坦。

1913年7月10日，在皇家科学院学部全会上，爱因斯坦以44票对2票荣任正式院士。在由普朗克、能斯特、卢本斯和瓦尔堡签署的推荐书上写道："签名人十分明白，他们为这么年轻的学者呈请科学院正式院士的任职，是异乎寻常的。然而他们认为，由于他本人的非凡成就，足以证明他符合院士条件，从科学院本身的利益出发，也要求尽可能为这样的特殊人物提供应选机会，尽管推荐人对被推荐人的未来无法做出担保，但他们根据被推荐人现在已经取得的学术成就，都能满怀信心地认为他完全符合国家最有声望的科学院院士的条件。推荐人坚信，对于爱因斯坦进入柏林科学院，整个物理学界将会认为这是科学院的一项特别重大的事件。"

1913 年 11 月 12 日，皇家科学院学部全会上的这次选举得到德皇威廉二世的确认。1913 年 12 月 7 日，爱因斯坦在从苏黎世给柏林科学院的信中写道："对于你们选举我担任贵院正式院士，我表示由衷感谢。我谨此声明，接受这一选举，并深深感谢你们让我获得这个职位，从而使我摆脱职业的负担，能够全心全意献身于科学工作。但当我一想到自己每天思想上暴露出来的弱点，就会对这一崇高褒奖显露出惴惴不安的心情。但是，有一种想法促使我鼓起接受这次选举的勇气，那就是对一个人来说，所期望的不是别的，而仅仅是他能全力以赴地献身于一种美好事业。正是在这一点上，我觉得自己还是能胜任的。"

1914 年 3 月下旬，爱因斯坦带着妻儿离开苏黎世。到柏林后不久，米列娃就和爱因斯坦分居了。

米列娃原来就有些跛脚，后来又不时疼痛难忍。有了儿子后，米列娃越来越不注意打扮自己，成了典型的家庭妇女。当年读大学时的宏愿已成泡影，但有时回首往事时，不免因为自己的付出而伤心。后来，严重的脚疼使得行走困难，精神日益沮丧，抱怨也自然会随之增多。1913 年 3 月 12 日，米列娃给好友海伦·萨维克写信抱怨说："我的丈夫现在只为他的科学而活着，对家庭几乎全不在意了。"到柏林后，夫妻矛盾加剧，无法调解。

这样，爱因斯坦再也无法获得一个搞科研的好环境了。最后，两人只好分居。

造成分居的直接导火线是这样的：当年，20 岁的爱因斯坦跟随全家到瑞士的梅特门斯特坦度假，住在天堂旅馆。爱因斯坦与旅馆老板的妹妹安娜相处得十分愉快，爱因斯坦还应邀在她的照片簿上题了一首打油诗。10 年之后，也就是 1909 年的春天，苏黎世各大报纸都发布了这样的消息："前途无量的阿尔伯特·爱因斯坦即将加入苏黎世大学的教师行列。"这时，安娜已经结婚，她看到这则消息后给爱因斯坦寄了一张贺卡。爱因斯坦立刻复信，说他收到贺卡后是如何"无以言表地高兴"，并说他是多么珍惜"我有幸在你身旁度过的那几周美好的记忆"，"可以肯定，就像你当年是那样可爱、那样欢快的一个年轻女孩那样，你今天肯定已经变成一个极为优雅、快乐的女人"。信后，爱因斯坦附上几句："又及：从 10 月 15 日起，我将在苏黎世大学工作了，大部分时间会在拉弥街的物理所。如果你碰巧去苏黎世并且有时间的话，就到那儿找我好了，我将深感荣幸。"多情的安娜马上给爱因斯坦回了信。这样的交往在欧洲本是正常的，但密切监视爱因斯坦一举一动的米列娃将安娜的复信扣下，并给安娜的丈夫写了一封措辞严厉的信。米列娃在信中说爱因斯坦对安娜"有些不适宜的信"感到屈辱，为了预防发生进一步的问题，爱因斯坦将复信退回，并附言说他不太明白这封信。

爱因斯坦当然没有做过这种事，得知真相后，他难堪极了。为了不让事态进一步恶化，爱因斯坦便给安娜的丈夫写了一封信："尊敬的先生：实在太抱歉了。由于我做事大大咧咧，给您带来了困扰。您的夫人在我获得任命之际给我寄来了贺卡，而我的回信用词过于亲密了，从而唤起了彼此之间的旧情。不过，我写信时并未掺杂任何非分之想。对您的夫人我非常尊敬，她的行为也是非常得体的。错的是我的妻子，她的这种做法仅仅是因为极端的妒忌，也情有可原，但她这样做我并不知道。如果因此而妨碍了你们夫妻的和睦，我感到非常抱歉。我向您保证，我不会做任何有损你们幸福的事，同时我也请您不要怨恨您的好夫人，她没有做错什么。谨致最崇高的敬意。您的忠诚的爱因斯坦博士。"

这件事对爱因斯坦与米列娃之间的关系影响极大，爱因斯坦一直深感难堪，他在写给好朋友贝索的信中说："让 M（指米列娃）把心理平衡打破了，再也无法恢复。"这样，家庭虽然还维系着，但已经产生了裂痕，并且裂痕在不断地扩大。

爱因斯坦与表姐爱尔莎在柏林重逢后，爱尔莎的家成了爱因斯坦躲避米列娃的避难所。

在与米列娃分居 4 年之后，爱因斯坦写信给他的好朋友贝索说："我本来是会永远忠于米列娃的……如果她还能叫人忍受得了的话……但是米列娃对我来说已经绝对不可忍受了。"

米列娃一直深深地爱着爱因斯坦，可谓忠贞不渝。1909 年，米列娃给她的好朋友海伦娜·萨维奇写信说："你知道，（爱因斯坦）有了这样的名气，给妻子的时间就不多了……你知道，我是多么渴望被爱。"

米列娃出于本能，保护自己的爱情的方法，被爱因斯坦看成是一种令人无法接受的丑陋。不久，爱因斯坦给米列娃写了一份备忘录，向她提出继续共同生活的条件："除非有社会方面的需要，你必须放弃和我的个人关系。你不能指望从我这里得到温存，以后不再一起外出或旅行。"这样的条件让米列娃失去了任何希望。1914 年 6 月，米列娃带着两个儿子回到苏黎世。

妻儿走后不久，爱因斯坦搬进柏林维特尔斯巴赫大街 12 号的单身宿舍。他写信给埃伦费斯特说："住在柏林真令人高兴，一间漂亮的屋子……这儿的亲戚给了我极大的快乐，特别是和我表姐的朝夕相处使我爱上她了。"

安定的生活环境，良好的工作条件，充裕的研究时间，不受任何束缚和干扰，全心全意地研究相对论，在这个世界上，还企求什么呢？但是，到柏林工作，爱因斯坦的内心并不是坦然的。在爱因斯坦看来，定居柏林这个德意志军国主义和帝国主义的地方，像是背叛了自己的政治操守和道德信念。中学时代，他离开出生地，就是为了抛弃德国国籍，以便与军国主义和穷兵黩武一刀两断。可现在，不仅返回军国主义的大本营定居，还当上了德意志皇家科学院的官员。

同时，爱因斯坦对自己的创造力尚无把握，心里产生了一种隐隐的忧虑。他曾对苏黎世的挚友说："柏林的先生们把我当成豢养的产卵鸡，可连我自己也不知道我还能不能下蛋。"这样，定居柏林的爱因斯坦陷入了犹疑不定之中。

不管怎么说，爱因斯坦在柏林还是比较舒心的。布拉格那充满仇恨的目光与言论，爱因斯坦仍然记忆犹新，一想起来便头痛。但令爱因斯坦担忧的是，柏林隐藏着战机。果然如爱因斯坦所料，在他到柏林的几个月后，第一次世界大战便爆发了。

6. 反战的教授

作为教授，爱因斯坦既潜心从事科研工作，又积极参加社会活动。从事科研是为了给人类造福；参加社会活动是为了呼吁和平，反对战争，也是在为人类造福。

第一次世界大战简称"一战"，是一场于 1914 年 7 月 28 日至 1918 年 11 月 11 日间主要发生在欧洲并波及全世界的世界大战。当时，世界上大多数国家都卷入了这场战争。

在 1939 年第二次世界大战爆发前，这场战争被称为"世界大战"。

"一战"主要是同盟国和协约国之间的战斗。德国、奥匈帝国等国属同盟国阵营，英国、法国、俄国和意大利则属协约国阵营。

战时，柏林街头人山人海，战旗飘飘，军号嘹亮。出征的队伍由这里开赴前线，人们欢呼着把花束投向战士，少女们跑上前去吻别战士。看到这一幕幕情景，连外国人都赞扬德国人的英勇气概，可爱因斯坦的心情却十分沉重。爱因斯坦为了忘掉战争，更加努力埋头于科研之中。这时，战争在激烈地进行着，而爱因斯坦满脑子想的都是科研问题。

随着战局的发展，渐渐地，连一向不问政治的清高的教授们也卷进了战争。许多科学家宣称："在和平时期，科学家是属于全世界的；在战争时期，科学家是属于自己祖国的。"

德国的学者们开始为军国主义摇旗呐喊，他们把对全欧洲来讲是一场灾难的战争看成是合法的，把军国主义政权看成是高于一切的，公开为德国的侵略暴行辩解。爱因斯坦认为他们失去了科学家最宝贵的节操，他为这些科学家感到羞耻，感到科学已经被战争玷污了。

爱因斯坦不仅拒绝在任何支持军国主义和侵略行径的文件上签名，还公开宣称："我是一个和平主义者。"这一宣称使爱因斯坦陷入了危机，幸而由于他是瑞士国籍，才没有被加上叛国的罪名。爱因斯坦不怕一切非难与迫害，尽管危险重重，可他还是勇敢地坚守自己的立场。

面对侵略战争对人民的蹂躏，爱因斯坦觉得沉默是有罪的。于是，他站出来唤醒那些被蒙蔽的人，他大声疾呼："善良的欧洲人，团结起来，反对战争！"

比利时是中立国，已经取得了欧洲列强的认可。但德国却完全无视国际公法，悍然于1914年8月13日进军比利时首都布鲁塞尔。当身着青灰色军服的德国士兵像潮水般冲进比利时的时候，英法两国人民对德国军队悍然入侵中立国家的兽行大为震惊，立即提出抗议，并指责德国人背叛了由歌德和贝多芬等伟大德国学者、艺术家所铸就的优秀的、民主的文化传统。英法报纸上登出特大标题：《我们爱歌德和贝多芬的德国，我们恨俾斯麦和威廉二世的德国。》

当时，德国知识分子的丑恶表现令爱因斯坦大失所望。他们不仅积极地用各种方式支持政府，希望政府制造更先进的杀人武器，而且不顾最基本事实，竟造谣诬蔑，公开抛出了《告文明世界宣言》。

这份宣言拒不承认德国发动的战争有罪，拒绝为入侵比利时承担责任，并宣称如果不抢在协约国之前行动，德国人就会被屠杀。总之，德国是站在正义的一方，没有任何过错，过错都在协约国。最后，德国学者们在宣言中无耻地声明：

任何反对德国军国主义的人，必然是反对德国文化的。要不是由于德国的军国主义，德国文化便会从地球上被抹掉。自从德国数世纪遭受入侵以来，德国文化为了自我保护，才导致了军国主义。德国军队和德国人民不管教育程度、社会地位或党派归属，今天都肩并肩地站在一起。

我们无法从我们敌人的手中夺取恶毒的说谎武器。我们只能向全世界呐喊：他们炮制了反对我们的虚假证据，你们是了解我们的，你们迄今在保护人类最珍贵的遗产中与我们站在一起。我们向你们大声疾呼：请相信我们吧。作为一个文明民族，一个拥有歌德、贝多芬和康德的传统的民族，当我们说我们将把这一斗争进行到底时，请相信我们。我们以我们的名声和荣誉担保。

这个宣言中还有令人毛骨悚然的话："要不是由于德国的赫赫武功，德国文化早就荡然无存了。"如此明目张胆地为德国侵略暴行辩护的宣言，竟有 93 个著名的科学家、艺术家、牧师签名。X 光的发现人伦琴签了名，把祖国看得高于一切的普朗克也签了名。有人想请爱因斯坦签名，爱因斯坦直言不讳地说："我是和平主义者，反对一切战争。"

柏林的科学家个个都忙着为战争出力：能斯特教授当上了国防部顾问，穿上了少校军服；爱因斯坦的好朋友哈伯教授也穿上了少校军服，发明了人工合成氨，解决了炸药生产的大难题。接着，哈伯教授又研究起糜烂性毒气和窒息性毒气了。他说："在和平时期，科学家是属于全世界的；在战争时期，科学是属于自己的祖国的。"

1914 年 10 月中旬，包括爱因斯坦在内的四位科学家签署了一封《告欧洲人书》，与 93 人签名的《告文明世界书》针锋相对，揭发德国的侵略暴行。这个宣言是爱因斯坦一生中签署的第一个政治宣言：

以前任何一次战争都没有像现在这样完全破坏文化合

作。而这次战争又恰恰发生在这样一个时期：技术和交通的进步使我们清楚地认识到需要国际交往，而这种关系必将走向普遍的、全世界的文明。也许正由于以前存在着那么多的国际的纽带，当我们看到这种关系断绝时就更加伤心，更加痛苦。

我们不能惊惶失措，凡是对共同的世界文化稍微关心的人都有双倍的责任为维护这种文化所必须引为依据的那些原则而起来斗争。然而，那些本来可指望具有这种思想感情的人——主要是科学家和艺术家这时的反应，几乎使人看来，他们好像已经放弃了任何还想维持国际交往的愿望。他们以敌对的精神来讲话，而没有站出来为和平说话。民族主义的热情不能为这种态度辩解，这种态度同这个世界上被称为文化的那些东西是不相称的。如果这种精神在知识分子间普遍流行，那将是一种严重的不幸。我们深信它不仅会威胁文化本身，同时还会危及民族的生存，而这次野蛮的战争也正是以保卫民族生存为借口而发动起来的。

技术已经缩小了这个世界。的确，今天大欧罗巴半岛各国相挤撞的情况似乎很像以前挤进那几个伸向地中海的较小半岛上的各个城邦那样。旅行得到普及，国际的供求那么密切地交织在一起，欧洲——几乎可以说整个世界——现在已成为一体了。

必须防止欧洲由于缺乏国际组织而重蹈古代希腊的覆辙。毫无疑问，有教养的和好心肠的欧洲人至少有责任去做这样的努力。要不然，难道让欧洲也因兄弟阋墙逐渐精疲力竭而同归于尽吗？

目前正在蔓延开的战火是很难产生胜利者的，所有参加战争的国家都将可能付出极高的代价。因此，一切国家里有教养的人都要尽力去争取这样一种和平条约，这种条约不管目前冲突的结果如何，都将不会撒下未来战争的种子；这样的努力显然不仅是明智的，而且也是必要的。必须利用由这次战争所造成的欧洲不稳定和动荡的局势，把这个大陆熔接成一个有机的整体。促成这种发展的条件，无论在技术上和文化上都已成熟。

这里不是讨论怎样可以达到这种欧洲新秩序的场合。我们唯一的目的是申明我们这样一个永恒不变的信念：欧洲必须联合起来保卫它的土地、它的人民和它的文化，这个时机已经到来。我们公开声明我们关于欧洲统一的信念，我们相信这个信念是为许多人共有的；我们希望这样公开声明我们的信念，会促进欧洲统一运动的发展。

朝着这个方向走的第一步，应当是一切真正爱护欧洲文化的人——一切曾经为歌德所预言为"善良的欧洲人"的人们——团结起来。

我们不应当放弃这样的希望：他们的一致呼声即使在今天也还是可以高过武装冲突的喧嚣，尤其是如果那些已享有声望和权威的人也共同来呼吁。

我们再重复一句，第一步是欧洲人团结起来。如果像我们所热忱希望的，在欧洲能找到足够多的欧洲人，对于这些人来说，欧洲是一个充满生命力的事业，而不仅是一个地理上的名称，那么我们就将努力去组织欧洲人联盟。到那时，这个联盟可以发出号召，并采取行动。

我们自己所探索的不过是行动的第一步，就是发出这个挑战书。如果您同我们一条心，如果您也决心为欧洲的统一开创一个广泛的运动，那么就请您签上自己的名字吧。

爱因斯坦反对 19 世纪 20 年代德国高涨的种族歧视与极端民族主义，极力主张欧洲统一。一遇学费上涨，穷学生缴不起时，爱因斯坦就在课外免费讲授物理课。随着欧洲经济与政治危机日趋严重，爱因斯坦常借科学研讨会的讲台阐明政治问题。他能够早上在大学演讲相对论，晚上敦促年轻人拒服兵役，不要为军国主义卖命。

倘若人们在当时就接受了爱因斯坦等人的忠告，人类将少付出很多代价。但在当时，与德国的宣言相比，《告欧洲人民书》没有多少人接受。在那个疯狂的时代，清醒者总是孤独的，没有一家德国报纸敢于刊登这份反战声明。

倔强的爱因斯坦以科学家的执着与韧性投入到反战运动中去。他到处公开发表与众不同的反战言论，尽管没有几个人理解他。但是，不管怎么样，爱因斯坦仍尽最大的努力去呼吁和平。

7. 天真的教授

斯巴达克团是德国左派社会民主党人的革命组织，原称"国际派"，因该派曾创办《国际》杂志而得名。斯巴达克团主要领导人有李卜克内西、卢森堡、梅林、蔡特金等。

一战中，斯巴达克团在群众中进行反对帝国主义战争的宣传，揭露德国帝国主义的侵略政策和社会民主党右翼领导人的叛变行为。斯巴达克团广泛开展革命宣传活动，组织领导工人革命斗争和反战运动。

1918 年 10 月，第一次世界大战接近尾声，德国败局已定，但德皇威廉二世仍想孤注一掷进行抵抗。10月25日，海军司令部下令基尔港的德国远洋舰队出海同英军作战，若失败就"光荣地沉没"。基尔港的8万名水兵拒绝起锚，并把军舰熄了火。水兵的抵制虽然迫使德国海军当局收回成命，但水兵们却遭到迫害，被逮捕了几百人。

11月3日，水兵走上基尔街头游行示威，抗议海军当局，要求释放被捕者。随后游行示威发展为武装起义，水兵们解除了军官的武装，占领了战略要地，控制了全城。这时，工人也举行武装起义响应水兵，并建立了工兵代表苏维埃。至4日晚，基尔及附近郊区均被起义者占领。5日，基尔全城总罢工，支持水兵起义。

基尔港水兵起义爆发后，革命在全国迅速蔓延。到11月8日止，几乎所有的德国大城市都发生了武装起义，建立了工兵代表苏维埃。这次起义是德国"十一月革命"的起点，同时也导致德国被迫宣布停战，第一次世界大战结束。

11月9日，从前线归来的士兵挥舞着红旗进入柏林，加入革命队伍。德皇威廉二世调集军队镇压未遂，被迫退位出逃，德国封建王朝统治被推翻了。

这是第一次世界大战结束前，德国爆发的以无产阶级为主体的资产阶级民主革命，距俄国十月革命仅一年多。

在德国社会民主党左派领袖李卜克内西和卢森堡的领导下，总罢工工人和起义士兵向苏联学习，准备宣布成立德意志苏维埃共和国。这一消息传到国会大厦，那里的社会民主党右派领袖们大吃一惊，决定先下手为强，立即采取行动，要抢在左派前头。德国社会民主党右翼领袖之一谢德曼灵机一动，也没有和任何右派领袖商量，就冲到国会大厦窗口，把脑袋伸到窗外，自作主张，向下面广场上的大批群众大呼道："共和国成立了。"

这一声大呼不打紧，德意志共和国竟这样侥幸诞生了。这是德国社会民主党右翼在资产阶级支持下建立的共和国，而非德国社会民主党左派领袖李卜克内西和卢森堡的领导下的德意志苏维埃共和国。当天深夜，早已背叛了自己阶级的临时总统艾伯特和陆军首脑私订了一笔秘密交易：艾伯特答应镇压革命左派，陆军答应支持临时政府。

德皇威廉二世手下那些反动的元帅和将军们，虽然在第一次世界大战的战场上被打败了，但在国内却继续享有至高无上的权力，因为他们手中握有兵权，掌管着德国陆军和水兵。后来，正是他们将共和国出卖给了希特勒。

11 月 9 日革命爆发时，爱因斯坦虽然也在柏林，但是国会大厦白天和夜里发生的事，他是无法知道的。那天上午，爱因斯坦本来要到柏林大学去讲相对论。他出门时，街上都是罢工工人和起义士兵，挤得水泄不通。大学生们兴高采烈地喊道："停课了！革命了！"爱因斯坦见状，只得返回家里，在写满公式的讲稿下边写下一行小字："11 月 9 日，因革命停课。"

德意志帝国灭亡了，军国主义失败了，共和国成立了。爱因斯坦怀着喜悦的心情给在瑞士的母亲寄去报平安的明信片。他在明信片上写道："伟大的事变发生了。我曾经害怕法律和秩序完全崩溃，可是到目前为止，运动以真正宏伟的形式终结了，这是可以想象的最为惊心动魄的经历，能亲身经历是何等的荣幸。……我为事态正在发展的方式感到十分愉悦。只有现在，我在这里才确实感到自由自在。战败创造了奇迹，4 年多的血腥残杀终于结束了。可是战争的结局是德国投降，赔款割地，丧权辱国。许多德国人垂头丧气，全国上下一片悲观绝望，加之寒冷与饥饿，共和国面临着严重的困难。"

在那个时代，爱因斯坦的政治思想比较超前，极重视个人尊严和思想自由。他认为这是所有社会中最根本的原则。爱因斯坦在给妈妈的信中欢呼帝国的崩溃和共和国的建立，就是因为他渴望民主，向往自由。

给母亲的明信片刚寄出不久，激进的柏林大学学生罢免了柏林大学校长，并宣称要坚持他们的种种改革。于是，学生与校方发生了严重的冲突。因为爱因斯坦颇受学生和教授的尊敬和信赖，所以被请到争论现场进行调解。

爱因斯坦和玻恩等人一起坐车来到国会大厦时，革命学生委员会正在那儿举行会议。学生代表请爱因斯坦当场发表讲话，爱因斯坦说："同学们！作为一位老资格的民主信奉者而不是最近的民主皈依者，请允许我讲几句话。我们的共同目标是民主，是人民的统治，但只有当我们认识到下面两件事是神圣不可侵犯的，这个目标才能达到：首先，要心甘情愿地服从人民的意志；其次，所有真正的民主主义者都必须保持警惕，不要让复仇的情绪把我们引诱到这样一种致命的观点，认为暴力必须用暴力来对付，认为要把自由的概念传输到我们同胞的头脑中去就必须用武力。可是武力只能产生苦难、憎恨和反作用。"

柏林大学学生听到伟大的爱因斯坦——他们确信会全心全意站在他们一边的人——居然不支持他们的狂热时，不禁大吃一惊。但爱因斯坦极聪明，转而讨论当前的实际问题：占领学校大楼和拘捕校长及其他教授的事。

当时，爱因斯坦和许多人一样相信：一个自由、民主和社会主义的德国就要诞生了，就像他在给母亲的明信片中写的那样。爱因斯坦为光明的前途和伟大的民主而庆祝，但这种乐观情绪不久就烟消云散了。

爱因斯坦过于天真了，他以为有了一个共和国的形式，他所期望的和平、民主、自由和社会主义就有了切实的保障。其实，这个一战后的德意志共和国继续保护资本主义私有制，保留旧的国家机器和资产阶级政治特权、经济特权，阴谋解除群众的武装，打击苏维埃。

为了把革命推向社会主义革命阶段，左派联盟于 1918 年 12 月 30 日建立德国共产党，宣布革命的任务是建立无产阶级专政。艾伯特政府见状，十分恐慌，便故意挑起事端，解除了同情革命的柏林警察总监的职务。

1919 年 1 月 5 日，柏林工人举行游行示威抗议，并转变为推翻艾伯特政府的武装起义。手握重兵的反动军官支持临时政府，革命很快遭到镇压，德共领导人李卜克内西和卢森堡被捕遇害。

这年 2 月，德国国民会议在魏玛召开，宣布成立资产阶级共和国，史称魏玛共和国。魏玛是德国古城，位于德国中部，拥有众多的文化古迹，曾是德国文化中心，歌德和席勒在这里创作了好多不朽的文学作品。魏玛在德意志历史、文化和政治上具有无可比拟的重要地位，被誉为德国的雅典。

魏玛共和国成立后，德国无产阶级革命斗争仍在继续。4 月 13 日，慕尼黑工人在共产党领导下夺取政权，建立了巴伐利亚苏维埃共和国。5 月初，政府军队攻入慕尼黑，苏维埃政权被颠覆，这场无产阶级革命结束了。

1918 年德国"十一月革命"推翻了君主制，建立了共和国，部分完成了资产阶级民主革命任务。但在德国，反动军官的势力太强大，无产阶级社会主义革命的尝试未能像苏联十月革命那样取得成功。这次革命锻炼了德国的工人阶级，支援了苏联，推动了欧洲各国的革命斗争。

第一次世界大战结束前后，分别在俄国和德国爆发了无产阶级革命。在俄国，列宁领导的"十月革命"胜利了；在德国，李卜克内西和卢森堡领导的"十一月革命"失败了。爱因斯坦曾为德国消灭帝制而欢呼，也为革命夭折而郁闷。他苦笑道："我的想法实在太天真了。"

8. 再　婚

自从米列娃带孩子回苏黎世后，爱因斯坦开始过起了单身生活。从此，他从厌烦的家庭生活中解脱出来了，获得了安静。他在给埃伦费斯特信中说，他非常舒适地待在自己的公寓里，可以专心地搞科研了；他还对当年专利局的同事贝索说他十分满足于这种分离，安静对他很有益处，可以读更多的书，写更多的论文。但是，由于不会照料自己的生活，他险些送了命。

1917年初，爱因斯坦患了重病，38岁的他不得不为自己的身体担心了。开始时，他觉得不舒服，打不起精神来，但他还像以前一样满不在乎。不久，麻烦越来越多，他先后患了肝炎、胃溃疡、胆结石等疾病。医生叮嘱他要多饮水，饮食也要适当。

这次重病的起因是多方面的：为研究广义相对论而投入的高强度思考；为反对战争的奔波和焦虑；战争期间食物供应紧张，饮食粗劣；无规律的单身汉生活。尤其是一战中的德国，人民生活越来越糟，甚至连马铃薯都吃不上了。接着到来的冬天，国民只能用萝卜充饥，还出现了代用面包。

不久，爱因斯坦病得卧床不起了。幸亏当时有爱尔莎照顾他。爱尔莎想方设法弄到各种食品，运用高超的烹调技术，做一些可口的饭菜给爱因斯坦吃，这才使他逃离了死亡线。

爱尔莎是爱因斯坦的表姐，两人的母亲是亲姐妹。爱尔莎比爱因斯坦大3岁，从小就与爱因斯坦相熟。爱尔莎21岁时嫁给一个纺织业主，婚后生了两个女儿。32岁时，爱尔莎与丈夫离婚。4年后的1912年，爱尔莎与爱因斯坦取得联系。当爱因斯坦1916年到1917年间卧病在床时，爱尔莎来到他的身边，无微不至地照顾他。

1917年近年底时，爱因斯坦在一封给朋友的信中说："自去年夏天以来，我的体重增加了4磅，感谢爱尔莎的细心照料。她亲自给我做饭菜，我吃得十分舒心。"

尽管得到了精心的照料，并从南方亲戚和瑞士朋友那儿弄到一些食品，改善了伙食，但爱因斯坦还是在床上躺了几个月。最后，爱因斯坦终于明白单身生活的种种不适和缺点，于是，他决定和爱尔莎结婚。

与米列娃的离婚手续正式办妥之后，爱因斯坦便和爱尔莎结婚了。1919年6月2日，爱因斯坦从单身公寓搬到爱尔莎的住处。爱尔莎住在公寓顶层4楼，爱因斯坦把顶层之上的两个阁楼租下来改成书房，窗前放了一张桌子和一把椅子，墙上挂着牛顿和法拉第的画像。家里的人一律不准上楼进他的书房，爱因斯坦在这个安静的书房里工作，有时要接见来访的人，这里成了威廉皇帝物理研究所的总部。

在所有的研究所中，爱因斯坦这个物理研究所是世界上最奇特的研究所了。1913年，爱因斯坦被任命为这个研究所的所长，但这个研究所他一个人。1917年，爱因斯坦申请派一个秘书给他，每周工作3天，月工资50马克。这个工作后来由爱尔莎的大女儿担任了。

1919 年，由于研究所内事务增多，爱因斯坦又提出申请，买了一台打字机。于是，研究所有了成立以来的第一笔财政投资，而秘书也可以用打字机代替笔来处理信函等文字事务了，这让爱因斯坦十分惬意。

这虽不像研究所，但爱因斯坦从来没有任何埋怨。他对没有行政事务和义务感到满意极了。爱因斯坦在柏林期间，威廉皇帝物理研究所一直就是这样一个家庭式的作坊。

爱因斯坦最喜欢这阁楼里的书房兼研究所总部，在这儿，他可以获得安静，没人打扰他。至于楼下，那是德国典型的家庭生活方式，爱因斯坦总是无法习惯在那种环境中生活，因为他有工作要做。

爱因斯坦总是待在书房里，不愿意下楼。漂亮的家具、地毯和壁画让他感到太不舒适了。

有一天，一位记者爬上顶层阁楼，走进了爱因斯坦的书房。书柜里摆着整齐的书、墙上挂着的牛顿画像给记者留下了深刻的印象。但是，更让记者永远无法忘记的是爱因斯坦极不讲究的穿着，他下身是破旧的裤子，上身是钻毛的毛衣。爱因斯坦总是喜欢穿着舒服自在的衣服，无拘无束地在他思想空间里驰骋。

爱尔莎贤惠、勤快，虽然不像米列娃那样有学问，也不了解物理学，但她天生就是一个随和的人，喜欢和作家、艺术家甚至政治家交谈。

爱尔莎从不坚持爱因斯坦必须如何如何，一切都依着他。对于爱因斯坦的名气，她更是满意。有一天，她对客人说："我十分清楚爱因斯坦是一位多么了不起的物理学家，这些日子我们去买各种罐头食品，没有人知道这种罐头如何才能打开，通常它们都是外国出品的，生了锈，外装变形了，开罐器也都丢失了，但到现在为止，还没有一个罐头是爱因斯坦打不开的。"客人听了，不禁捧腹大笑。爱尔莎说："你笑什么？这是真的。"原来，爱尔莎不懂什么是物理学家，而爱因斯坦并不需要爱尔莎懂得物理学，他只希望她能为他安排一个可以安心工作的环境，而且不唠叨打扰他就行了。对于这一点，爱尔莎当然是胜任的。

他们带着爱尔莎的两个女儿共同生活，虽然是在战时，但他们仍然感到很幸福。爱尔莎知道安宁对于爱因斯坦的研究工作是多么重要。她绝不让爱因斯坦在家务上操心，更不许任何人打扰他，影响他的科研工作。爱尔莎是持家能手，即使在物资匮乏的战争年代，她也能做出色香味俱佳的好饭菜，确保爱因斯坦的健康。

爱尔莎知道爱因斯坦的脾气，他们小时候常在一起玩。她知道爱因斯坦喜欢吃什么穿什么和做什么。爱因斯坦正需要这样一个笑容满面、体贴入微的亲人来照顾他，让他能够专心致志地从事科学研究。

过去，爱因斯坦过惯了马马虎虎的独身生活，而现在爱尔莎把家里的一切都安排得井井有条，连爱因斯坦每天抽多少烟都给他安排好了。家里窗明几净，充满着舒适、温馨的气氛，爱因斯坦感到十分舒心。

有时，爱因斯坦光着脚穿着皮鞋走到客厅里来，坐在招待来宾的大餐桌前。爱尔莎用双眼示意，向他提出抗议时，他总是笑眯眯地说："不要紧的，客人都是老朋友。"

在家里的仆人看来，爱因斯坦那越来越长的头发，以及那身随随便便的衣服，在天鹅绒的大窗帘前，在花篮形的大吊灯下，显得极不协调。可是，爱因斯坦并不要这种协调，他宁愿躲到小阁楼的书房里去揭开宇宙的秘密，让人类更了解宇宙。

"一战"期间的柏林是个失去理智的城市，绝大多数的人都成了战争狂人，而爱因斯坦却能保持科学家应有的清醒。即使战争期间，爱因斯坦那天才的头脑也一直没有停止思考，正是在这弥漫着火药味的柏林，在爱尔莎无微不至的关怀下，爱因斯坦为人类的科学事业做出了卓越的贡献，成功地完成了广义相对论的研究工作，并震惊了全世界。

9. 远征队

爱因斯坦在科研方面锲而不舍，在"一战"期间完成了广义相对论。根据爱因斯坦的理论，从星体发出来的光经过太阳附近的时候并不成直线，而是稍微曲折地到达地球。换句话说，从地面仰望时，相互间的位置是有些变动的。

爱因斯坦知道自己的广义相对论难以令人相信，但他坚信自己理论的正确性。他大胆地向世人宣布："如果有人怀疑我的理论，我希望他在日食的时候去观测天体，便可以发现太阳周围的星体必已转变它们的位置了。"

只有当太阳运转到星体和地球的中间时，才会发生这种现象。因为白天看不到星体，如果想要实际观测这种现象，只有等月球遮住全部阳光，也就是日全食的时候才能观测到。因此，爱因斯坦说："让怀疑我的理论的人等候日食吧。"

在"一战"期间，德国根本无暇顾及爱因斯坦提出的具有划时代意义的理论，但爱因斯坦的广义相对论却在英国受到了科学界的广泛关注。因为这是在英国人牛顿发现万有引力定律以来的两个半世纪里，第一次有人向牛顿提出挑战。

爱丁顿是英国剑桥大学的天文学教授，又是皇家天文学会的学术秘书。他参加了基督教教友会，就像那些主张"爱自己的敌人"的教友一样热爱和平，极力反对"欧战"。

1916年春天，中立国荷兰的莱顿大学寄给英国一部《广义相对论基础》单行本。皇家天文学会通讯会员西特教授一收到这部书，就把它寄到剑桥大学去了。

爱丁顿学识渊博，目光敏锐，一眼就看出这部书具有划时代的意义。于是，他马上开始研究广义相对论，同时请西特教授写三篇介绍广义相对论的文章，发表在皇家天文学会的会刊上。

这三篇文章引起了英国科学界的广泛注意，爱丁顿决定用日全食观测来验证爱因斯坦的新理论是否正确。他认真地做准备，不久便凑齐了观测人员和观测器材。

据天文学家预测，1919年5月29日将发生日全食。爱丁顿想："这是天赐良机，到时候将给爱因斯坦的广义相对论，也就是向牛顿挑战的新的引力理论做判决了。如果星光掠过太阳表面的时候，真像爱因斯坦预言的那样拐弯了，就证明爱因斯坦是正确的。"

1919年3月的一天，两支远征队同时启航，分赴各自的目的地。爱丁顿于4月13日到达普林西比岛，马上开始了紧张的准备工作。

普林西比岛是非洲几内亚湾东南部的火山岛，面积128平方千米。那里地势崎岖多山，最高点普林西比峰海拔948米，极适合天象观测。

爱丁顿上岛后，架设望远镜，试拍照片，一切准备就绪，就等日全食了。宇宙将在这一天的几分钟里把自己的真面目向世人展露。

接着，在短短的3分零2秒日全食时间里，摄影师努力抓拍，一共拍了十六张照片，爱丁顿很高兴，对摄影师的成绩表示满意。这时，天空又渐渐恢复了光亮，日全食结束了。

爱丁顿等不及回伦敦，就在普林西比小岛上开始工作了。他每夜冲洗两张底片，冲洗出来后立刻仔细研究。因为是底片，一切都反了。黑暗的太阳是白色的，明亮的日冕、日珥是黑色的，那一片灰色的背景则是天空。爱丁顿一边看，一边自言自语道："有没有黑点呢？没有。"黑点就是星光，但是没有黑点，爱丁顿很失望。

接连三夜，一直找不到黑点。但爱丁顿沉住气，坚持照原定计划干下去。直到最后，终于有一张底片，在紧挨着太阳的地方有几个非常清晰的黑点。

爱丁顿将这张底片拿在手里，禁不住心跳起来，呼吸也急促了，这张底片决定两种科学理论的命运。空间到底是不是弯曲，宇宙到底是不是可能有限，这些极为重大的问题，答案就在这张底片上了。

爱丁顿把这张底片放在照明灯的乳白色玻璃板上，发现太阳周围那十几颗星星都向外偏转了一个角度。星光拐弯了，广义相对论得到了证实：空间是弯曲的，宇宙可能是有限的。

爱丁顿率领全班人马回到英国，心情久久不能平静。真理得到了证实。这时，去索布腊尔的远征队也回来了。他们拍的照片有些模糊不清，但有七张和爱丁顿那张有黑点的照片是一致的。

爱丁顿经过反复计算、核对，排除一切误差、干扰，最后把握十足地说："日全食的观测，精确地证实了爱因斯坦的广义相对论。"于是，他把这个消息向国人发布了。

这时，英国人不得不在牛顿像前向世界公布："爱因斯坦的相对论是人类思想史上最伟大的成就之一，这是发现了新的科学思想的新大陆。"

这个消息传到德国后，大家都向爱因斯坦道喜。

不久，《泰晤士报》上出现了特大标题："科学的革命——牛顿的学说被推翻了。"

欣喜之余，爱因斯坦给母亲写了一张明信片，告诉她这个好消息。他知道这是表达对母亲的爱的最佳办法，遗憾的是无法把这个好消息告诉父亲了。父亲已在 1902 年 10 月去世。作为一个一再破产的商人，父亲是怀着失望的心情离开人世的。

10. 盛名之下

广义相对论被证实的第二天，爱因斯坦一早醒来，发现一切都变了。《泰晤士报》上的那条新闻震惊了全世界，爱因斯坦成了名人。从早晨开始，就有记者前来采访。

记者告诉爱因斯坦说："昨天下午，伦敦举行了一次有历史意义的会议。首屈一指的《泰晤士报》发表了一篇社论，题为《宇宙的结构》，里面有这样的话：'关于宇宙结构的科学观念必须改变……最杰出的专家们确信，世世代代以来认为不容置疑的事实，已被有力的证据推翻了。'现在，人人都在谈论这位改变了人类宇宙观的学者。"说到这里，记者用饱含崇拜的目光望了望爱因斯坦，爱因斯坦点了点头。记者接着说："那么，这位改变了人类宇宙观的学者本人总该谈谈感想吧。"爱因斯坦没有办法，只能拿出三年前写的那本通俗小册子《狭义和广义相对论浅说》来应付一阵。

第一个记者还未打发走，第二个、第三个记者也来了，从早到晚，记者川流不息。爱因斯坦那独具特色的书房像商场一样热闹起来，被挤得水泄不通。

《泰晤士报》招来的各国记者发回去的照片、谈话、采访记又把全世界的男男女女招来了。这令爱因斯坦又高兴，又头疼。高兴的是爱因斯坦喜欢交朋友，头疼的是他已经招架不住了。

每天早班邮件一到，成百上千封讨照片、讨亲笔签名的信就摆在爱因斯坦的书案上了。许多信封上连收信地址都没写，只有"爱因斯坦"几个大字。

在成百上千封信中，有一些是讨论科学问题的。有人请爱因斯坦解释空间怎么会弯曲，有人请爱因斯坦证明宇宙怎么会有限，有人请爱因斯坦说明时间怎么能像橡皮筋似的可以拉长，可以缩短。每个人都只有一个小问题，只要爱因斯坦花费一分钟时间回答。对于这样的信，爱因斯坦满心欢喜，他认为自己遇到了知音，定会有问必答。

其中也有请求帮助的信，例如，有个青年没考上大学，请爱因斯坦到教育部为他说说情。又如，有个青年的新发明被埋没了，请爱因斯坦在科学院为他讲几句话……

爱因斯坦毕竟是爱因斯坦，这些在他看来没什么，他都能应付。他想出一个办法：请慈善机构代付照片，谁捐了钱谁就能拿到他的签名照片。这真是一举三得的好事——既满足了那些名人崇拜迷，又帮助了穷人，还节省了自己的宝贵时间。

至于讨论问题和求助的信，爱因斯坦都尽量回信。但这种信毕竟越来越多，他自己忙不过来时，就请爱尔莎的两个女儿帮忙。

摄影家、画家、雕刻家、各个行业的艺术家都来找爱因斯坦，已经成名的是想丰富自己的作品目录，尚未成名的要借助爱因斯坦的大名。对待这些人，爱因斯坦也有办法，他让爱尔莎代劳。爱尔莎那像小河流水般的客气话挡掉了大部分客人，给爱因斯坦减少了不少麻烦，因为这些人毕竟还是要面子的。

欧洲、美洲、亚洲的很多人都被爱因斯坦征服了。这些人里有哲学家、科学评论家、打油诗人、漫画家，他们都想利用爱因斯坦的大名为自己谋利，而无孔不入的商人更是在爱因斯坦热、相对论热中投机取巧，市场上出现了"爱因斯坦式雪茄"和"相对论牌香烟"。

《泰晤士报》请爱因斯坦写一篇介绍相对论的文章，他认为这是义不容辞的。他要借此机会感谢英国同行不辞辛苦地去验证一个敌国科学家的理论。在一片"牛顿被推翻了"的叫喊声中，爱因斯坦表达了自己对牛顿的敬意："人们不要以为牛顿的伟大工作能被这一理论或者任何别的理论所代替。他伟大而明晰的观念，作为自然哲学领域里整个近代概念结构的基础，将永远保持它独特的意义。我的理论只不过是对这位伟大的科学家所阐述的理论的补充与完善而已。"在这篇文章的末尾，爱因斯坦还特地加了一个附注：贵报上关于我的生活和为人的某些报道完全是出自作者活泼的想象。为了适合读者的口味，这里还有相对论的另一种应用：今天，在德国我被叫作"德国科学家"，在英国我就是"瑞士犹太人"。要是我成了一个讨人厌的倒霉蛋，那么就要倒过来：对于德国人来说，我就要成为"瑞士犹太人"；对于英国人来说，我却要变成"德国科学家"了。

荣誉像潮水般不断地向爱因斯坦涌来。一个科学理论引起世界这么大的轰动，一个科学家引起人们这么大的热情，所有这一切在人类历史上都是空前的。

荣誉是世人对杰出人物的嘉奖，像美酒一样给人以欢愉。但是，美酒喝多了能使人醉，甚至昏死。长久生活在荣誉的包围之中不受荣誉侵蚀的人是很少的，爱因斯坦就是那很少的人中的一个。大名之下，他没有骄傲，没有时间飘飘然，因为有好多科研工作在等着他。

有一次，在一位逼他签名的贵妇的纪念册上，爱因斯坦写下这样两句诗："小牛和山羊在菜园里游戏，我们两人中有一个和它们同类。"爱因斯坦爱开玩笑，但是写下这样两句打油诗之后，他又后悔了，怕伤了人的感情，人家毕竟是出于仰慕，没有什么恶意。

爱因斯坦是出了名的好脾气，除了哈哈大笑以外，他难得发出大的声音。凡是有人求他，哪怕是素不相识的外国大学生，他也尽量帮助。他和打扫卫生的老保姆讲话时，也是那样和颜悦色，就同他和国王、总统谈话一样。他受的教育是："在上帝面前人人平等。"

每天，从世界各地来找爱因斯坦的人太多了。1921年初，一位身穿皮大衣的客人来找爱因斯坦。他来自遥远的东欧，是列宁派到柏林的文化使者——矿物学家费道洛夫斯基教授。这位文化使者受命告诉爱因斯坦："年轻的苏维埃共和国将出版第一批科技书籍，其中就有关于相对论的书。"爱因斯坦握住费道洛夫斯基的手说："请替我问候列宁，尊重科技的国家迟早会强大起来的。"爱因斯坦知道俄国人正在挨饿受冻，他们需要最具体的东西——面包、靴子……可是，这些无产阶级革命家却也对空间、时间这类最抽象的问题感兴趣。他们的心胸宽广，眼光长远。爱因斯坦接着说："你们伟大的社会主义政治实践对全世界有决定性意义，谁都应该帮助你们。"

从此，爱因斯坦用行动来帮助苏联。当时，苏联派到德国学习的留学生、科学工作者常常受冷落和歧视，但在爱因斯坦的教室、工作室和家里，却总是受到热情的接待。

在那些年代里，爱因斯坦比谁都忙。他热心于世界和平和社会主义，并将自己的大名慷慨地奉献出来。只要对社会有益，对人类有益，他概不推辞。他在印度诗人、作家、思想家泰戈尔起草的反法西斯宣言上签字；为了声援被压迫民族的民族解放运动，他参加了国际反帝大同盟，并被选为名誉主席；作为德国人权同盟的理事，他特地写信祝贺在阿姆斯特丹召开的世界反战大会。

爱因斯坦以他的人格吸引着世界各地的人，人们像朝圣一样前来拜访他。许多到柏林读书的大学生和许多访问柏林的文化人，都争着去瞻仰爱因斯坦的风采。他们认为歌剧院可以不去，勃兰登堡门可以不去，爱因斯坦教授在柏林大学的讲课是必须去听的。否则，回到家乡也无法向亲朋好友交代。

一到爱因斯坦讲课的日子，大教室里总是座无虚席。他走上讲台，先随便讲上几句开场白，然后大声地说："诸位，下面我们要讨论相对论的发展近况了。为了节省诸位的宝贵时间，对这个专门问题没有特别兴趣或特殊需要的听众现在可以退场了。"

爱因斯坦话音刚落，只听一阵椅子声响，大教室里只剩下十来个真正的听讲者特地来瞻仰爱因斯坦的人一下子走光了。他们心里暗暗感激这位天才，既使他们瞻仰风采的欲望得到满足，又不叫他们浪费时间，这是多么难得啊。

有一位女士在过生日时，为自己买了一张爱因斯坦画像，赶了很远的路来请爱因斯坦为她题词。爱因斯坦看了看之后，在画像下写了一首短诗：

无论我走到哪里，站到哪里，

我总是看见眼前有一张我的画像。

在写字台上，在墙壁上，

在脖子周围，在黑色的丝带上。

男男女女，怀着钦佩的神情，

来索取一个签名留念。

每人在那个被敬重的孩子那里，

得到几个潦潦草草的字儿。

有时我感到无比的幸福，

在那清醒的瞬间，我想：

是你自己已经发疯，

还是别人像蠢牛。

荷兰一位农民写信告诉爱因斯坦，他给儿子取名为阿尔伯特。他想知道爱因斯坦是否愿意寄几句话，他想把爱因斯坦的话作为名言，在他儿子成长时用来勉励他努力上进。爱因斯坦见信后用英文写了回信："雄心壮志或单纯的责任感不会产生任何真正有价值的东西，只有对于人类和对于客观事物的热爱与献身精神才能产生真正有价值的东西。"

那位父亲收到回信后无比喜悦，又写信给爱因斯坦，寄上一张儿子的照片，并说他要寄一袋爱达荷土豆送给爱因斯坦以示感谢。后来，爱因斯坦真的收到了一大口袋爱达荷土豆。

爱因斯坦成了众人瞩目的中心，名誉足以给他带来物质上的满足，但爱因斯坦拒绝巨额酬劳。例如，有人请他在银幕上露面10分钟，报酬不限。他们还说："这对教授来说毫不难办，只是站在黑板前面，手里拿上一支粉笔说几句话就行了。"爱因斯坦大笑说："下一步是什么？你们难道真的相信我会像一只马戏团的猴子那样表演吗?"

只有很少的几次,爱因斯坦同意在公开场合露面,那都是为了赞助慈善机构,救济贫民或无家可归的儿童。

11. 广义相对论

在柏林的前几年,战争的阴云虽给爱因斯坦带来不少生活上的麻烦和科研上的干扰,但他始终没有停止有关相对论的研究。在第一次世界大战期间,爱因斯坦取得了学术研究的丰硕成果。在爱尔莎的悉心照料之下,在平静的生活环境中,相对论的研究进展得很顺利。在战争的岁月里,爱因斯坦完成了广义相对论。

自从爱因斯坦首次发表狭义相对论以来,经过漫长的 10 年,爱因斯坦最重要的论文终于写好了。1916 年初,爱因斯坦在《物理年鉴》上发表了长达 50 页的论文《广义相对论基础》。

这篇论文攀上了 20 世纪理论物理学研究的巅峰,再一次震动了全世界。爱因斯坦一直把广义相对论看作是自己一生中最重要的科学成就,他曾对自己的学生说:"要是我没有发现狭义相对论,也会有别人发现的,因为问题已经成熟了;但是我认为广义相对论的情况不是这样。"

1919 年,爱因斯坦 9 岁的儿子爱德华问父亲:"爸爸,你到底为什么这样出名?"爱因斯坦笑了,然后微笑地解释道:"你看见没有,当瞎眼的甲虫沿着球面爬行的时候,它没有发现它爬过的路径是弯的,而我有幸地发现了这一点。"爱德华听懂了比喻本身,但他不理解其中的含义。这其中的含义只有物理学家中的精英才能体会到。照他们看来,如果没有爱因斯坦,至今世界上决不会出现广义相对论。

发现电子的英国物理学家汤姆逊说："广义相对论是人类思想史上最伟大的成就之一。"

创立相对论量子力学的英国物理学家狄拉克说："广义相对论也许是人类曾经做出过的最伟大的科学发现。"狄拉克是物理学界最不爱说话，更不爱说恭维话的大师。

爱因斯坦在 1917 年大病之后，曾说："我的生死已无关紧要。广义相对论已经问世了，这才是真正重要的。"

狭义相对论对物理学起到了巨大的推动作用，并深入到量子力学的范围，成为研究高速粒子不可缺少的理论，很快取得了丰硕的成果。但在成功的背后却有两个原则性问题尚未解决：

一是惯性系数所引起的困难。人们抛弃了绝对时空后，惯性系数成了无法定义的概念。人们可以说惯性系数是惯性定律在其中成立的参考系数。惯性定律的实质是一个不受外力的物体保持静止或匀速直线运动的状态。然而"不受外力"是什么意思？只能说不受外力是指一个物体能在惯性系数中静止或匀速直线运动。这样，惯性系数的定义就陷入了逻辑循环，这样的定义是无用的。我们虽能找到非常近似的惯性系数，但宇宙中却不存在真正的惯性系数，整个理论如同建筑在沙滩上一样。

二是万有引力引起的困难。万有引力定律与绝对时空紧密相连，必须修正，但将其修改为洛伦兹变换下形势不变的任何企图都失败了，万有引力无法纳入狭义相对论的框架。当时，物理界只发现了万有引力和电磁力两种力，其中一种冒出来捣乱，情况当然不会令人满意。

1905 年爱因斯坦发表狭义相对论后，便开始研究如何将引力纳入狭义相对论框架。他从 1907 年开始了长达八年的对引力的相对性理论的探索。在历经多次弯路之后，他于 1915 年 11 月在普鲁士科学院做了发言，其内容正是著名的爱因斯坦引力场方程。这个方程描述了处于时空中的物质是如何影响其周围的时空几何，并成为爱因斯坦的广义相对论的核心。

狭义相对论只适用于惯性系数，它的时空背景是平直的四维时空，而广义相对论则适用于包括非惯性系数在内的一切参考系数，它的时空背景是弯曲的黎曼时空。

黎曼是德国数学家、物理学家，对数学分析和微分几何做出了重要的贡献，其中一些成就为广义相对论的发展铺平了道路。

广义相对论由于它被证实，以及其理论上的优美，很快得到了承认，并受到赞赏。在那个时代，广义相对论与其他物理理论相比仍有一种神秘感。它能与狭义相对论相融合，并能解释好多牛顿万有引力学说无法解释的现象。

直到 1960 年至 1975 年间，广义相对论终于进入了理论物理和天体物理主流研究的视野，进入了广义相对论的黄金时代。在太阳系内能够进行的更精确的广义相对论的实验验证进一步展示了广义相对论非凡的预言能力，而相对论关于宇宙学的预言也同样经受住了实验观测的检验。

广义相对论建立了完善的引力理论，而引力理论主要涉及的是天体。到现在，相对论宇宙学进一步发展，而引力波物理、致密天体物理和黑洞物理这些属于相对论天体物理学的分支学科都有了一定的进展，吸引了许多科学家进行研究。一位法国物理学家曾经这样评价爱因斯坦："在我们这一时代的物理学家中，爱因斯坦将位于最前列。他现在是、将来也还是人类宇宙中最有光辉的巨星之一。"

12. 坚持留在德国

1918 年，德意志帝国在第一次世界大战中惨败，那个似乎坚不可摧的德国军国主义大厦坍塌了。围绕着政治生活应采取什么新形式，在德国上层社会展开了激烈的争论。最后，排犹情绪占了上风。

"一战"结束后，德国留下了十多万名军官。他们是德国军方的代表，对复仇念念不忘，要发动另一次世界大战。从历史记载上看，德国备战从那时就开始了。德国无论是与苏联合作试验坦克，还是与中国、西班牙、意大利合作输出军事技术，都是为了检验德国的军事成果，以备再战。

在第一次世界大战中，德国的犹太人以狂热的爱国激情为德意志帝国出生入死，阵亡比例大大超过了德国人，因为德国是第一个承认犹太公民权的欧洲国家。这也令欧洲各国的犹太人倾向于把财产转移到德国，从而为德国发动第二次世界大战积累了战争资本，创造了经济条件。当时，犹太资本占德国金融资本的 80%。

犹太人在德国虽是一个少数民族，却几乎垄断了德国的金融命脉。

德意志反动军官认为要复仇必须要有强大的军事力量，要想有强大的军事力量必须要有强大的经济后盾，要想有强大的经济后盾则必须把财富从犹太人手里抢过来。为此，他们决定排犹，即排斥、压迫甚至杀死国内的犹太人。于是，他们鼓动德国的反动文人大造舆论，造谣说一战中德国之所以战败，是因为国内的犹太人在背后捅了一刀。这样一来，爱因斯坦在德国的日子开始不太平了。

德国反动派见爱因斯坦名气大，便决定先从他下手。他们说爱因斯坦的相对论是代表典型犹太人精神的江湖骗术，他们还断定爱因斯坦与犹太报纸有约在先，联合起来混淆视听。

在反动文人魏兰德的领导下，柏林成立了一个"德国自然研究者保持科学纯洁工作小组"。他们反对爱因斯坦的理论，骂它是犹太人对德国思想财富的霸占和毒害。对此，爱因斯坦嗤之以鼻，称这个组织是"反相对论公司"。

1920 年 8 月 24 日，德国反动派在柏林音乐厅举行了一个反相对论的集会，还恬不知耻地邀请爱因斯坦出席。爱因斯坦坐在一个包厢里，想亲耳听听魏兰德和他的追随者有什么话要说。

在这次大会上，魏兰德发表挑衅性演说，咒骂爱因斯坦"热衷于吹嘘"和"大肆剽窃"，是"到处叫卖的小贩"。

在这个反动组织中有个著名科学家——勒纳德教授。他本是德国著名的实验物理学家，因为研究光电效应而获得 1905 年度的诺贝尔奖。正是在这一年，爱因斯坦发表了光量子论，对于勒纳德的实验结果做出了理论解释。当时，在勒纳德的心目中，爱因斯坦像神一样可敬。1909 年，勒纳德还给爱因斯坦写过一封热情洋溢的信，称爱因斯坦为"深刻的、有深远影响的思想家"。但是，第一次世界大战结束后，勒纳德投入反动派的怀抱，成了狂热的德国至上主义者和反犹主义者，竟公开攻击起爱因斯坦和相对论来。有了这个专家出面，魏兰德更嚣张了。

第二个发言的是柏林的物理学家盖尔克，他试图从专业角度攻击爱因斯坦，诬蔑他的相对论是哗众取宠。

面对恶毒攻击，爱因斯坦自始至终坐在包厢里泰然自若，冷眼看着这群小丑的表演。

第二天，德国三位著名物理学家——劳厄、能斯特和鲁本斯联名给柏林各大报发了一个声明，声明中说："我们不想在这里来谈论我们对于爱因斯坦产生相对论的那种渊博的、可以引为范例的脑力劳动的意见。惊人的成就已经取得，在将来的研究工作中当然还会有进一步的证明。此外，我们必须强调指出，爱因斯坦除了研究相对论，他的工作已经保证他在科学史上有一个永久性的地位。在这方面，他不仅对于柏林的科学生活，而且对于整个德国的科学生活的影响都是不可估量的。任何有幸亲近爱因斯坦的人都知道，在尊重别人的文化价值上，在为人的谦逊上，以及在对一切哗众取宠的厌恶上，从来没有人能超过他。"

1920 年 8 月 27 日，爱因斯坦本人也在《柏林日报》上发表了一篇文章，标题是带有讽刺意味的《我对"反相对论公司"的答复》，文章说："在'德国自然哲学家研究小组'这个冠冕堂皇的名称下，产生了一个杂七杂八的团体，它眼前的目标是要在非物理学家的心目中贬低相对论及其创建者我本人。魏兰德和盖尔克两位先生最近在（柏林）音乐厅就此作了他们的第一次演讲，我本人也在场。我非常清楚地知道，这两位演讲者都不值得用我的笔去回答，而且我有充分的理由相信，他们这个企业的动机并不是追求真理。我之所以要答复，仅仅是由于一些好心人的劝说，认为应当把我的观点发表出来。首先我必须指出，就我所知，简直没有一位在理论物理学中做出一点有价值的成绩的科学家，会不承认整个相对论是合乎逻辑地建立起来的，并且是符合于那些迄今已判明是无可争辩的事实的。最杰出的理论物理学家，比如爱丁顿、德比杰、郎之万、契维塔都坚定地支持这个理论，而且他们自己也对它作出了有价值的贡献。在有国际声望的物理学家中间，直言不讳地反对相对论的，我只能举出勒纳德的名字来。作为一位精通实验物理学的大师，我钦佩勒纳德；但是他在理论物理学中从未干过一点事，而且他反对广义相对论的意见如此肤浅，以至到目前为止我都不认为有必要给他们详细回答。我现在打算纠正这种疏忽。我厌恶为相对论大叫大嚷，这竟被他们用来作为反对我的理由。我可以诚恳地说，在我的全部生活中，我都是支持合理的论据和真理的。夸张的言辞使我感到肉麻，不管这些言辞是关于相对论的还是关于别的东西的。我自己时常拿这样的事来开玩笑，然后又回过来嘲笑自己。可是，我乐意借此机会给'反相对论公司'的先生们奉献礼物。最后，我注意到，在瑙海姆的科学家集会上，由于我的建议，已经安排了关于相对论的讨论。任何想反对的人都可以站出来进行反对，把他的意见向一个适当的科学家集会提出来。"

爱因斯坦的愤怒立即引起了共鸣，德国官方恐慌了。好不容易有个爱因斯坦能为德国增加荣誉，在这种时候，怎能反对爱因斯坦呢？再说，世界各国都追捧爱因斯坦，可德国人自己却咒骂他，这简直是冒天下之大不韪。于是，9月6日，德国文化部长亲自写信给爱因斯坦，对8月24日的事件表示深深的歉意。

在当时的情况下，爱因斯坦离开德国的理由很充足。除民族主义分子的反犹宣传和无耻攻击外，通货膨胀也压得爱因斯坦喘不过气来，他的处境变得十分艰难。他还必须给在瑞士的米列娃汇钱，在马克贬值的情况下，给米列娃汇马克已毫无意义。

在这种内外交困的情况下，爱因斯坦仍不愿违背当年对普朗克许下的诺言。另外，爱因斯坦心目中还对魏玛共和国抱有一线希望，以为它有可能把德国引向民主与自由。所以，即使埃伦费斯特一再劝爱因斯坦移居莱顿，他还是拒绝了。在给埃伦费斯特的信里，他说："我曾对普朗克许下诺言，在这里的环境没恶化到普朗克本人承认我的离开是自然而然的和正确的之前，我是不会离开柏林的。如果我不是迫不得已，而是哪怕是部分地出自物质利益便离开我的政治期望正在那里实现的国家，离开用爱和友谊来温暖我的人们，而在开始堕落的时期我的离开对他们来说可能会加倍地难受……那我就是忘恩负义了。如果事态的发展使我没有可能继续待在德国，那我可以走。如果情况不是这样，我的离开将粗暴地破坏对普朗克的承诺。以后，我也可能会因此而责备自己。"

但是，爱因斯坦的道义感、责任感并未唤起民族主义分子的良知。1920 年 9 月 23 日至 25 日，在瑙海姆温泉举行了"德国自然科学家和医生协会"的年会，武装警察把守着会议的大厅，以防出现骚乱。在会上，勒纳德公开地跳出来，以恶毒的、明显的反犹方式攻击爱因斯坦。爱因斯坦毫不示弱，与勒纳德进行了激烈的论战。

无论在理论上，还是在道义上，勒纳德都处于下风，但他们仍然有卑劣的手法，他们针对新闻界所传播的爱因斯坦想离开德国的消息大做文章，在排犹主义的报纸上大叫："别了，爱因斯坦。但愿他能像贞女奥尔良说的那样永远再别回来。"有人甚至在柏林的报纸上宣称要杀死爱因斯坦。

爱因斯坦没有退让，他决定留在德国为自己的科学理想而战，并公开接受了德意志共和国国籍，再次成为德国公民。

四 访问学者和和平大使

1. 荷兰之行

鉴于爱因斯坦的伟大贡献，1922 年 11 月 10 日，瑞典皇家科学院决定将 1923 年度的诺贝尔物理学奖授予他。不过，因为相对论引起的争论太激烈，所以爱因斯坦这次获奖的公开理由是他发表了《光量子论》。

广义相对论被证实后，爱因斯坦的名字响彻全球。邀请信像雪片一样从世界各地飞向柏林哈贝兰特大街 5 号爱因斯坦的住所。

为了帮助德国摆脱困境，尽快在国际上挽回不良影响，魏玛政府积极支持爱因斯坦出访，以便利用他为德国在世界上赢得好印象。于是，爱因斯坦访问了多半个欧洲，到了远隔重洋的美国，甚至到过东方的中国、日本，以及中东的巴勒斯坦。

爱因斯坦所到之处无不受到热烈的欢迎和隆重的礼遇，但爱因斯坦到这些地方去不光是为了讲学，更不是观光，他给自己定下了使命，那就是呼吁世界和平。

根据荷兰皇家 1920 年 6 月 24 日的法令，爱因斯坦成为莱顿大学的特邀访问教授。这样，他可以在方便的时候到莱顿大学作短期讲学。1920 年 10 月 27 日，爱因斯坦就任莱顿客座教授，并以"以太"和"相对论"为题发表演讲。

此后，爱因斯坦于 1921 年 11 月、1922 年 5 月、1924 年 10 月、1925 年 2 月、1930 年 4 月多次到莱顿讲学。爱因斯坦荣获的"莱顿的特邀访问教授"的第一任任期为 3 年，可是任期一再延长，直到 1952 年 9 月 23 日才正式结束。

爱因斯坦喜欢莱顿，因为那儿有老朋友埃伦费斯特，两人相见后可以自由地畅谈物理学问题；那儿可以穿着拖鞋、休闲装自由散步，少有令他生厌的社交活动。到了那里，爱因斯坦产生了回归自然的感觉。在莱顿大学，爱因斯坦过得十分舒心。

美国著名物理学家惠勒是爱因斯坦在荷兰莱顿大学当客座教授时的学生，他曾撰文回忆爱因斯坦在莱顿大学给他们上第一堂课的情形：

爱因斯坦手里拿着一个盒子，在学生的注视下缓缓走上讲台，什么话也没说，就把盒子里的东西拿到桌子上开始堆起来。大家仔细看后才知道是骨牌。原来，爱因斯坦的第一堂课是要给学生表演堆骨牌。

爱因斯坦把骨牌堆到二十多块的时候，骨牌哗啦一声倒了。爱因斯坦又把骨牌捡起来重新堆，这样堆了四五次，总是在盒子里的骨牌没有堆完的时候，桌子上的骨牌就倒了。每一次，他都要重新堆，一定要把骨牌堆完。慢慢地，教室里安静的人开始喧哗起来，有人吹口哨，有人漫骂，还有人在那里议论，整个教室成了一锅沸腾的粥。大家都不相信这是全世界最著名的科学家给他们上的第一堂课。

但是，爱因斯坦依旧一言不发，还是埋头堆骨牌。尽管骨牌还是一倒再倒，他还是坚持着堆。半个小时过去了，很多学生觉得实在无趣，都中途离场了。这时，有的学生觉得爱因斯坦堆得太辛苦，就走到讲台上帮他堆。

走到讲台前的学生发现爱因斯坦之所以试了这么多次都没有成功，是因为盒子里的骨牌多了点，共有 50 枚。要把这 50 枚一次性堆在一起，确实不是一件容易的事。围着讲台的学生尝试一下后，认为成功无望，也都陆陆续续地离开了。

爱因斯坦默默地站在一旁看学生堆骨牌，倾听他们的议论，观察他们的表情，仍然一言不发。

最后，讲台上剩下惠勒一个人了，但爱因斯坦仍像当初一样仔细观察他堆骨牌。又经过了一个小时，尝试了多种方法之后，惠勒终于一次性把 50 枚骨牌堆好了。

这时，教室里响起了爱因斯坦的掌声，惠勒高兴极了。爱因斯坦笑着问惠勒："你终于成功了，有什么感想？"

惠勒想了一下，说："每堆一次，都会有新的发现。"

原来，在堆骨牌的时候，惠勒发现骨牌的轻重不一，磁性的强弱也不一。在不断失败的过程中，他将重的和磁性强的骨牌堆在下面，把轻的和磁性弱的堆在上面。这样，他终于成功了。

爱因斯坦高兴地说："这就对了，沉下心来，不断发现问题和解决问题，你就能成功。第一堂课我想借这个实验告诉你们，成功其实很简单：只需要你坚定不移地朝既定的目标不断地前进。"

惠勒永远也忘不了爱因斯坦的这些话。因为爱因斯坦教给他的这个成功秘诀让他在以后踯躅不前的时候，总能坚定信心。

2. 捷克之行

1919 年 11 月 9 日后，世界各地的请帖依然像潮水般地向爱因斯坦涌来。出访荷兰后，爱因斯坦风尘仆仆，从一个国家赶到另一个国家。他到处作关于相对论的演讲，也到处呼吁和平、宽容与理解。他像一位巡回大使，执行着民族和解的神圣使命。为了恢复战败国的国际地位，爱因斯坦把德国科学的威望带到世界各地，又把自信心带回德国，鼓舞德国人建设一个民主、自由的新德国。

德国统治者极想通过爱因斯坦的名声使德国重新获得世界各国的承认，因此对爱因斯坦的频繁出访给予支持，并密切关注着世界各地的反应。

莱顿之行后，布拉格乌兰尼亚科学协会邀请爱因斯坦前去演讲。于是，爱因斯坦来到了布拉格，他曾在那里当过教授，旧地重游给他带来了很大的乐趣。

捷克在一战后获得独立，马沙瑞克出任总统，布拉格被定为这个新兴国家的首都。在布拉格，爱因斯坦进行了一次公开演讲。那天下午公开演讲时，大厅里挤满了听众。懂得相对论的人极少，其中大多数的人是想瞻仰这位名人的真面目。由于人太多，主持和爱因斯坦需要挤开人潮才能走上主席台。

爱因斯坦在演讲时说："在研究中，我发现狭义相对论的理论体系还不完善，它只解释了等速直线运动，而不能解释加速运动和万有引力的问题。因此，我又花了整整十年时间，于 1915 年研究出了广义相对论。广义相对论的重要结论是加速运动与引力场的运动是等价的。对此，我作了一个形象的比喻。我设想有一个人乘摩天大楼的电梯自由降落，人不会感到自己在下降，因为这时电梯和人都依照重力加速度定律在下降，仿佛在电梯里不存在地球引力。反之，如果电梯以不变的加速度上升，那么人在电梯里将觉得双脚紧贴在地板上，好像站在地球表面一样。这个等价原理是广义相对论的基础，它显示了等速运动的一些基本原理可以应用到加速度运动中，把狭义相对论推广到更为普通的情况。我认为光在引力场中不是沿着直线，而是沿着曲线传播。当从一个遥远的星球上发出的光在到达地球的途中经过太阳时，会由于太阳的引力而弯曲，因此，这个星球看起来的位置与实际不符。其偏斜的弧度，据我计算，应当是 1.75 秒。因此，我建议在下一次日全食时，通过天文观测来验证这个理论预见。"

这样深入浅出的演讲，让听众十分满意。

演讲结束后是晚宴，许多人轮流站起来致辞，热情地欢迎爱因斯坦。接下来，由爱因斯坦致答谢词。爱因斯坦出人意料地在台上拿起小提琴，幽默地说："女士们、先生们，这儿气氛太严肃了，让我先为大家演奏小提琴吧。"说完，爱因斯坦演奏了一曲莫扎特的奏鸣曲。

爱因斯坦的琴艺已经达到炉火纯青的地步了。为了救济犹太人，他曾举办小提琴演奏会来募捐。有一次，爱因斯坦在德国乡间举行慈善音乐会，第二天当地报纸就作了报导，音乐记者还作了点评："爱因斯坦的演奏的确很不错，不过，世界一流的评价有些过了，像他那样的演奏家多得是呢。"显然，那位批评家不知道爱因斯坦是世界一流的科学家。如果知道的话，他肯定会说："一流的科学家竟有这样的演奏水平，太令人吃惊了！"

3. 奥地利之行

爱因斯坦离开布拉格后，又来到奥地利的首都维也纳。

奥地利是德语国家，原本是德意志帝国的一个邦。在德国统一时，它从德国分离出来并独立了。

在维也纳，爱因斯坦在坐满三千人的音乐大厅里发表了公开演讲。在演讲中，他倡导自由民主，歌颂真善美，反对暴力和战争。

英国哲学家波普尔是批判理性主义的创始人，1902 年 7 月 28 日出生于奥地利维也纳一个犹太裔家庭，10 岁就开始接触达尔文进化论，17 岁曾为弗洛伊德的弟子——精神分析学家阿德勒工作过。他早年崇拜的思想大师后来都成为他怀疑与批判的对象，唯有爱因斯坦是个例外，爱因斯坦在维也纳的演讲对他的一生产生了决定性的影响。他曾说最有意义的还是爱因斯坦的科学革命。它在知识分子中间产生的意识形态方面的影响足以同哥白尼革命或者达尔文革命相媲美。爱因斯坦在物理学中的革命性发现推翻了牛顿动力学，但科学革命不管多么彻底，都必须保留前人的成就，因而不可能真正同传统决裂，正是这样，科学革命是理性的。

欧洲音乐之都维也纳，现在已变成奥地利的首都了。爱因斯坦大学时代的老朋友阿德勒就在维也纳。两位老同学相见，恍如隔世，热情地拥抱祝福。阿德勒曾因刺杀奥匈帝国首相史丘尔基伯爵而被判处无期徒刑，于 1918 年 12 月被"一战"后新成立的奥地利政府释放，随后在政界活跃着。

爱因斯坦自幼在母亲的熏陶下学习音乐，并且造诣非凡。如今，他来到音乐之都，自然如鱼得水，其乐无穷。音乐之都欢迎这位和平大使，更喜欢他演奏小提琴时发出的天籁之音。

接着，英国、法国、美国、中国、日本等国都纷纷发出邀请函，邀请爱因斯坦去作客。于是，爱因斯坦从一个国家赶到另一个国家，继续着自己科学普及和民族和解的神圣使命。

4. 美国之行

爱因斯坦认为科学是属于全人类的，因此为人类造福的科学家在任何国家都应该受到敬重。

在历史上，犹太人中出了好多世界级的大思想家和大科学家，为人类做出了巨大的贡献。犹太民族是世界上优秀的、可敬的民族。

可是，犹太人被罗马帝国赶到欧洲和世界各地，没有自己的家园，饱受蹂躏，生活环境极不稳定。

犹太人凭借自己的聪明才智走遍世界，四海为家。在爱因斯坦看来，世界上一切民族都是平等的。民族主义只能说明持这种主张的人有偏见。

现在，德国的排犹情绪已发展到相当尖锐的程度，排犹势力就连爱因斯坦这位毫无犹太民族情结和意识的科学家也不放过。开始时，德国的排犹势力不敢公开动爱因斯坦。后来，他们开始明目张胆地攻击他，中伤他。大量对爱因斯坦不利的言论纷纷出现："政府必须要警告爱因斯坦，他在这个时候的很多言论是不适合的。""爱因斯坦的言论有损祖国的尊严，是对祖国的背叛。"

在大量的反爱因斯坦言论出现之后，行动也开始了：右翼学生开始给爱因斯坦捣乱，让他几乎没有办法进行正常的教学和科研。接下来，竟然要对这样一位伟大的科学家进行恫吓，甚至要采取恐怖暗杀的手段了。

这时，希特勒的纳粹党越来越强大，穿着褐衫的突击队队员也越来越多。

爱尔莎夫人和女儿玛尔格特越来越担心爱因斯坦的安全，她们对爱因斯坦说："千万小心，不要一个人出去。"爱因新坦认为妻子与女儿的担忧可以理解，但他却不得不为科学与和平事业抛头露面。爱因斯坦不惧怕反动势力的卑劣行径，对好友劝他离开德国的建议只是微微一笑："德国人民需要我，学生需要我，我决不能离开德国。"

爱因斯坦为了表达自己与反对势力战斗到底的决心，公开接受了德意志共和国的国籍，重新成为德国公民。面对反对势力的迫害，爱因斯坦处之泰然。即使面临生命危险，爱因斯坦也坚守自己的节操，表现了这位伟大科学家对德国人民深沉的爱和维护和平的决心。

德国反动派之所以反对爱因斯坦，进而发展到恫吓，甚至要进行暗杀，主要有两点理由：一是他爱好和平，呼吁和平；二是因为他是犹太人。

爱因斯坦一向主张民族平等，反对一切民族主义。但是，从到柏林的第一天起，他就感受到了犹太人所受到的不公平待遇。

1919年2月的一天，一位代表来到柏林哈贝兰特大街五号。这位代表对爱因斯坦说："我们犹太人是世界上最不幸的民族。我们漂泊异乡，无家可归。我们的兄弟遍布欧美各国。但是，如果有一天，欧洲、美洲的各国政府都排犹的话，我们该怎么办？特别是那些有苦无处诉的犹太平民怎么办？如果我们建立一个自己的国家，就能恢复民族的传统和尊严，在他们排斥我们的时候好有退路。我们要给犹太人民真正的自由和安全。"

给遭受歧视的同胞带来自由和安全，这个思想打动了爱因斯坦。当年，爱因斯坦大学毕业的时候，因为血统，差不多有半年时间找不到工作，几乎饿死。德国在"一战"中战败后，德国人说："因为犹太人的背叛，我们才打了败仗；由于犹太人的缘故，我们才面临饥饿的威胁。"凡是坏事，他们都把责任推到犹太人的身上。凡是犹太人，他们就歧视、排挤、迫害。一想到这些，爱因斯坦决定支持这个运动。

不久，犹太民族运动的创始人魏茨曼博士特地到柏林来见爱因斯坦。他是一位著名的科学家，"一战"时曾在英国的曼彻斯特大学担任化学教授。第二次大战后，以色列共和国成立时，他被选为第一任总统。这是后话了。

魏茨曼这次到柏林来，是要动员爱因斯坦同他一起到美国去进行一次宣传旅行，为成立耶路撒冷希伯来大学筹款。

第一次世界大战后，犹太民族运动的重点是要将巴勒斯坦建设成世界犹太人的文化中心。很多有为的犹太青年都想接受高等教育，但由于种族歧视，这些青年不能实现自己的志愿。爱因斯坦早就对这个问题深感遗憾，认为这是种族迫害，从人道主义的立场来说是一种可耻的行为。因此，他希望犹太人能有自己的大学。

魏茨曼是一位享有盛名的民众领袖，在他的努力下，爱因斯坦决定与他合作，做一次美国旅行，以便为建立希伯来大学筹集必需的资金。爱因斯坦说："我可以跟你一起到美国去，做你认为当前必须做的事。"

1921年春天，在美国纽约港的码头上，一群新闻记者在翘首盼望"鹿特丹号"驶进港湾，他们正在等候爱因斯坦的到来。

　　"鹿特丹号"驶进港湾，出现在船桥上的是一个身材不高、肩膀宽阔、体格瘦弱的人，这就是爱因斯坦。单从外表看，与其说他是科学家，倒不如说是一个艺术家更为恰当些。他穿着浅灰色的雨衣，戴着宽边的呢帽，左手拿着小提琴，右手拿着烟斗。

　　魏茨曼手拿礼帽，面带笑容，看着自己这位伟大的同胞受到新大陆人民的热烈欢迎。

　　爱因斯坦静静地听着记者们不断地发问，然后说道："我是为了重建巴勒斯坦，并在那里设立一所犹太人的希伯来大学而特地到美国来请求援助的。"

　　记者问道："请问博士，您是科学家，是不是应该以科学为第一要务？"

　　爱因斯坦摇头说："不，应该是以人类大爱为第一。经过这次大战，科学受到了破坏，人类也蒙受了极大的灾难。因此，我们应该首先解救人类的痛苦。"

　　爱因斯坦像凯旋的将军一样被请上一辆敞篷汽车。当汽车驶入纽约大街时，沿街挤满了欢迎的群众，热情的纽约人争先恐后，都想看一看爱因斯坦的面容，都想目睹这位"改变了宇宙"的伟人的丰采。

　　爱因斯坦不知所措，在车上一会拿烟斗，一会拿小提琴，急得爱尔莎不断提醒他："你该向大家致意。"爱因斯坦这才想到坐敞篷车的意义，真诚的笑容浮上了脸庞。这真诚的笑容一下就抓住了美国人民的心。美国大地刮起的爱因斯坦旋风比欧洲更强劲，更持久。

　　在访美期间，爱因斯坦作过多次学术报告，尤其是在普林斯顿大学的四次报告最为成功。这几篇报告讲稿后来几经修改，以《相对论的四个讲座》为题出版。再后来，这本书又更名为《相对论的意义》，是爱因斯坦的主要科学著作。

爱因斯坦访美时，美国正处于"相对论热"中。在欧洲，他极力回避种种公开场合，但对他的个人崇拜已经使他无法再待下去。没想到，到了美国，美国人对爱因斯坦的兴趣更浓，他们似乎更关心相对论以外的东西。

美国报刊上津津乐道的是爱因斯坦的小提琴，有报纸说："这位教授胳膊下夹着提琴盒，小心翼翼地走下扶梯，他看上去更像是欧洲的著名琴师。比起许多著名的'艺术大师'，就是他的头发有点少。"有的报上说："爱因斯坦和小提琴形影不离，是一位醉心的小提琴迷。"

后来，这股旋风刮到国会山上，连参、众两院的议员都扔下手里的宪法修正案，讨论起相对论和爱因斯坦来。一位议员坦白承认自己不懂相对论；另一位议员说他企图了解爱因斯坦的相对论，结果差一点儿发了疯；还有一位议员说世界上只有两个人懂得相对论，可惜一位已经去世，而爱因斯坦本人则由于年事渐高，也把自己最新发现的理论给忘了。

总统在白宫接见了爱因斯坦和魏茨曼，他们受到了国宾级的接待。

爱因斯坦每到一个城市，照例都是宴会、演说、募捐。好多学术单位授予爱因斯坦名誉博士学位，爱因斯坦不喜欢这些，可是美国人喜欢，魏茨曼更需要。

爱因斯坦在美国待了两个月，他与夫人尽可能去访问更多的人，去更多的地方。

在犹太人的集会上，爱因斯坦说："刚才，魏茨曼博士为我们讲了许多有益的话。追随他吧，这样你们才有前途。我所要讲的话就是这些。"简单讲了几句，他便坐下了。

爱因斯坦在哥伦比亚大学演讲三次，在纽约市立大学演讲四次。爱因斯坦以他的名声为犹太民族运动赢得了声援，为建立希伯来大学取得了各界人士的资助。

普林斯顿大学召开大会，授予爱因斯坦名誉博士学位。在授予典礼上，赫宾校长说："我们要向发现'真理的新大陆'的现代哥伦布表示最高的敬意。"

爱因斯坦在普林斯顿一点也不像来宾，如果是别的学者，一定是按照预先排定的节目进行访问，匆匆忙忙地走过走廊，在来宾休息室摆架子抽雪茄，使大家感到高深莫测。而爱因斯坦却不这样，他仔细地参观学生的实验，并随时随地坐下来和学生们做深入的讨论。

在波士顿，一位学生提出的难题居然把爱因斯坦难倒了。当爱因斯坦正和学生们聊得起劲的时候，见有位学生几次想开口说话，但都没能说出口，只是怯生生地看着他。爱因斯坦看着那位学生，用鼓励的目光望着他。那位学生终于张开了嘴提问："爱因斯坦先生，我想问您一个问题，只是这个问题太简单，我怕您笑话我。"爱因斯坦点了点头："问吧，没准儿我真回答不上来呢。""您知道声音在空气中的传播速度是多少吗？"这位同学居然问了一个当时流行的科学知识测验中的一个问题，这个问题几乎无人不知。只见爱因斯坦用手托住下巴想了一下，然后说："很对不起，我不知道，因为我不记得了。不过，这类事情，无论哪一种教科书上都有说明，你可以去翻翻书本，我不愿意为那些无聊的事情使我的记忆力受罪。难道硬记一些事实就这样重要吗？当然，如果仅仅是为了记忆事实，是不需要上大学的。大学教育的真正价值在于训练能思考出某些事物的头脑。这就不能光靠书本了。"

学生们听了爱因斯坦的话，深受启发。声音的传播速度是多少，这是中学生都能回答的问题，可是爱因斯坦却回答不上来。但他并没有掩饰自己的"无知"，他是那样坦白地承认自己不知道，可见爱因斯坦是多么谦虚，多么真诚，并借此机会指导青年学生如何学习。

学生从爱因斯坦的话中知道了学习的技巧：不要把自己的时间与精力纠缠于无关紧要的细枝末节上，不要死记硬背某些定性的东西，要学会怎样灵活地使用知识，要学会如何锻炼自己的思维，发现新的东西。

爱因斯坦是欧洲古典学风的典范，是个绅士，彬彬有礼。美国人活泼开朗，喜欢评头论足，喜欢猎奇的特点，他不仅不欣赏，反而做出了多少有些偏颇的评论。回到德国后，他对一家荷兰报纸谈访美印象时说："要是我没有理解错误的话，原因是那里的人太无聊了。纽约、波士顿和芝加哥等城市尽管都有戏院和剧场，但此外还有什么呢？上百万居民的城市在精神上是那么空虚。能有一点使人们迷醉的东西，他们就会兴高采烈。"

美国之行，靠着爱因斯坦的人格魅力，为希伯来大学的筹建募到了巨款。接着，希伯来大学进入了紧张的创建之中。

5. 英国之行

离开美国后，爱因斯坦在归途中，应哈定勋爵之邀在伦敦作短暂停留。

一到英国，爱因斯坦便来到威斯敏斯特大教堂拜谒牛顿墓，恭恭敬敬献上一个大花圈。

威斯敏斯特大教堂坐落在伦敦泰晤士河北岸，是 11 世纪英王爱德华下令修建的。

威斯敏斯特大教堂记录了英国皇族兴衰史。教堂建筑为哥特式，几个彩色玻璃嵌饰的尖顶并列空中，五光十色，美轮美奂。英国把威斯敏斯特教堂称为"荣誉的宝塔尖"，现已成为难得的历史博物馆。

教堂内的"诗人之角"因埋葬 14 世纪诗人乔叟和文艺复兴时期诗人斯宾塞而得名。后来，英国著名的文学家、艺术家，如狄更斯、哈代等，都在这里建有墓室或墓碑。此外，还葬有著名的政治家、军事家、科学家，如克伦威尔、达尔文、牛顿等。

当天下午，爱因斯坦在伦敦大学演讲相对论，每张入场券卖两个半先令，收入全部捐给伦敦伤兵救济总署。

演讲开始前，主席介绍说："爱因斯坦在 20 世纪的地位就和牛顿在 18 世纪的地位一样。"

爱因斯坦讲了一个小时，全场鸦雀无声，似乎有一种神奇的力量把大家镇住了。演讲结束之后，全场几千名听众起立欢呼，掌声经久不息。

接着，爱因斯坦去皇家学会演讲。皇家学会是英国国家科学院，在国内、国际上代表英国科学界。多年来，皇家学会已和很多国内及世界各地的科学组织建立了互助互利的合作关系。这个学会是国际科学联合会（ISCU）的创始成员国之一，并一直在欧洲科学基金会中（ESF）发挥积极作用。皇家学会还与无数的其他国际组织保持着紧密的联系，为推进世界科学进步做出了巨大的贡献。英国女皇是学会的保护人，学会宗旨是促进自然科学的发展，是世界上历史最长而又从未中断过的科学学会。

这次，爱因斯坦演讲时，广大听众对爱因斯坦的态度是审慎的，因为他是世界知名学者，却代表着德国的科学。开始时，人们并没有以掌声来欢迎他。

爱因斯坦讲了科学的国际意义，关于学者们的接触，关于英国人民在科学发展上的作用，关于牛顿的学说，他都讲到了。

爱因斯坦说他感谢英国的同行，如果没有他们参加，他未必能看到自己理论的最重要的证明。

爱因斯坦以真挚的情感、深刻的思想打动了英国的听众，扭转了他们的情绪，也大大扭转了英国科学界的情绪。可以说，爱因斯坦在伦敦的这次演讲成了学者们国际合作的一个纲领。

爱因斯坦夫妇虽然为人极其随和，但英国人的生活使他们十分尴尬。他们被邀请到霍尔丹勋爵的苏倍兰城堡作客，这让他们着实吃了一惊。

这是英国一幢有名的贵族宅邸，在那里给他们安排的住处比他们在柏林的寓所大多了。爱因斯坦和夫人到达后，一位严肃的男管家手持一只沉重的烛台庄严地走在他们的前面。他们沿着长长的似乎永无止境的通道行进，好像与世隔绝了。他们的大房间隐藏在暗处，仿佛进入了地下宫殿。

爱因斯坦被英国人数不清的严格礼节弄得很窘迫，贴身仆人一步不离地随时侍候他，令他有些惶恐。爱因斯坦看见这个身穿制服的石雕似的人，就转身对妻子说："爱尔莎，你觉得要是我们企图逃跑，他们会允许我们出去吗？"爱尔莎说："太累了，还是休息吧。"

他们在一间挂着厚厚窗帘的巨大卧室中就寝，四周静得可怕。这座庄严的城堡历经岁月的磨难，现在仍作为封建制度的标志耸立着。

爱因斯坦夫妇早上醒来时，这间宽阔的卧室还埋在黑暗中。他们觉得自己就是失事船只中流落到荒岛上的难民。爱尔莎低声问爱因斯坦说："我们能请他们打开百叶窗吗？"爱因斯坦恐惧地大叫："请谁呀？带我们到这里来的那个家伙吗？"沉默了很长时间，爱尔莎才鼓起勇气，战战兢兢地说："不管怎么说，我确实想喝点茶。""嘘……他们大概把我们给忘了……"爱因斯坦打算拉开窗帘，爱尔莎说："阿尔伯特，你为什么不叫仆人？让他来干这件事吧。"爱因斯坦说："不用了，太可怕了。"

有一天，英国大剧作家萧伯纳与爱因斯坦相遇了。一见到爱因斯坦，萧伯纳便说："爱因斯坦先生，世界上没有几个人能看懂你的《相对论》。"爱因斯坦听了，面带微笑地回答说："萧伯纳先生，咱俩正相反，你的作品世界上没有几个人看不懂。"

萧伯纳比爱因斯坦大 23 岁，1925 年因为作品具有理想主义和人道主义而荣获诺贝尔文学奖，是英国杰出的现实主义剧作家，是世界著名的擅长幽默与讽刺的语言大师，同时还是积极的社会活动家和社会主义的宣传者。他支持妇女的权利，呼吁选举制度的根本变革，倡导收入平等，主张废除私有财产。萧伯纳的一生是和社会主义运动发生密切关系的一生。他认真研读过《资本论》，公开声明他"是一个普通的无产者"，"一个社会主义者"。他主张艺术应当反映迫切的社会问题，反对"为艺术而艺术"。其思想深受德国哲学家叔本华及尼采的影响，而且又深受马克思著作的熏陶。

在这次相见时，萧伯纳那连珠炮式的似是而非的论点，那像是玩弄文字概念游戏的思维方式，使爱因斯坦十分欣赏。萧伯纳创造的人物对爱因斯坦来说不只是有血有肉的人物，更是聪明、机智、幽默、高雅的精灵。谈到萧伯纳的社会讽刺作品时，爱因斯坦说："你已经成功地赢得了人民的爱戴和令人折服的荣誉。"

在一次宴会上，萧伯纳向在座的宾客介绍爱因斯坦说："托勒密创立的宇宙观延续了 2000 年；牛顿创立的宇宙观延续了 300 年；爱因斯坦创立的宇宙观，可能你们想让我说永远不会停止，但我确实不知道它能延续多少年。爱因斯坦是我们这个时代最伟大的人。"爱因斯坦笑着说："萧伯纳吹嘘的是神话中和我同名的人，那个人给自己的生活找了不少麻烦。"爱因斯坦的话引起了一阵哄堂大笑。从此，萧伯纳和爱因斯坦成了忘年交。

1921 年 6 月底，爱因斯坦结束了首次出访，重返柏林。

6. 法国之行

1922 年 3 月，爱因斯坦收到法兰西科学院的邀请函，请他访问法国。收到邀请函后，爱因斯坦立即给他的法国朋友郎之万写信，把他打算拒绝访问法国的理由告诉郎之万。

但是，第二天，郎之万又收到了爱因斯坦的第二封信。在第二封信里，爱因斯坦告诉郎之万他改变主意的理由："外长拉特瑙告诉我说接受邀请是我的义务，因此，我接受了。"

拉特瑙是德国犹太实业家、作家和政治家，1921 年任德国魏玛共和国复兴部部长，1922 年任德国魏玛共和国外交部部长。

但是，德国大学界对爱因斯坦访法感到愤慨。因为德、法两国有矛盾。当年，拿破仑远征时曾攻入柏林，抢走了德国的胜利女神像；而在后来发生的普法战争中，法国皇帝做了普鲁士的俘虏。"一战"中，德、法双方互为敌国，成千上万的德国青年和法国青年死在战场上。

"一战"结束后，德国大学界除极个别人外，从不承认交战双方在法国巴黎签署的《凡尔赛和约》，他们拒不承认"卖国贼们"的签字。

爱因斯坦对此不以为然，他要作为一个德国科学家、一个德国人前往巴黎呼吁和平，寻求谅解。

这次出访的发起人——左翼群众像许多法国大学教授一样，都在殷切地期望爱因斯坦的到来。他们把他看作他们自己中的一员，不仅观点一致，甚至要拆除横亘在各种族之间的铁网，增进各民族的兄弟关系。

爱因斯坦于1922年3月启程去巴黎。他知道此行如履薄冰，每一句话、每一个字都要加倍小心。

爱因斯坦一到法国边境就听到了坏消息，敌对的游行正在准备。他一句怨言也没有，打算返回德国，可是郎之万已经到了。

见法国反德情绪十分强烈，郎之万忧心忡忡，主动到国境线上迎接爱因斯坦。爱因斯坦问道："出了什么事?"

郎之万回答说："少年保王党准备在巴黎车站示威，抗议你的访问。"

爱因斯坦笑着说："别发愁。在柏林，这样的人也不少，可我还是睡得很安稳。"

于是，他们在二等车厢的角落里谈起了物理学的最新发展。郎之万是法国重要的物理学家，主要贡献有郎之万动力学及郎之万方程。郎之万为法共党员，强烈反对纳粹。1931年曾来中国考察，对中国抗战抱支持态度。1934年，郎之万入选法国科学院。在他的科学研究生涯中，做了很多传播相对论的工作。

火车到了一个大站，郎之万匆匆下去。过了一会儿，他愁容满面地回到火车上。爱因斯坦微笑着问："又怎么了?"

郎之万回答道："我刚和巴黎警察厅通过电话。他们说车站上年轻人越聚越多，情绪激动……"

爱因斯坦打断郎之万的话："来，接着谈，别管那些人。我刚才讲到哪里了?"

于是,他们又谈起了科研话题。火车在半夜里到达巴黎,爱因斯坦心境泰然。郎之万根据警察厅的意见,劝爱因斯坦从边门悄悄出站。这正合爱因斯坦的心意,他不喜欢声势浩大的欢迎场面。

爱因斯坦一行人一出车站,就钻进了地铁。结果,苦了一帮记者,他们在凛冽的寒风中白等了几个小时。此外,更苦了几百名进步大学生。原来,那些"情绪激动"的青年是来欢迎爱因斯坦的,为首的还是郎之万的儿子呢。警察厅错把他们当成少年保王党,让郎之万上了当。

平常,爱因斯坦访问一个国家,总是住在朋友家里。可是,德国驻巴黎大使坚持要他住进大使馆。照大使先生的说法,爱因斯坦教授是德国人民的精神使者、光荣代表,必须受到这样的礼遇。

德国驻法大使吩咐仆人说,务必使爱因斯坦教授的皮鞋始终保持光亮。但是,爱因斯坦只有脚上穿的这一双皮鞋,没有带拖鞋。结果,第二天早晨,爱因斯坦起床后,只能光着脚在房间里走来走去,因为大使的忠实仆人把皮鞋拿去擦了。

爱因斯坦埋怨爱尔莎:"为什么不在皮箱里放上一双拖鞋呢?"爱尔莎笑着说:"没用的,算了吧。有多少回出门,我给你准备的皮箱压根儿就没有打开过。"

爱因斯坦一到巴黎,就去拜访居里夫人。居里夫人比爱因斯坦年长12岁,爱因斯坦极尊敬她,视她为长辈,他们的友谊持续了20年。

3月31日是星期五,下午5时,爱因斯坦来到法兰西协会最大的演讲厅。为了防止捣乱分子破坏,郎之万和前总理、数学家潘列维两人亲自到会场门口，一一验票入场。

法国共产党中央机关报《人道报》曾这样报道过："昨天下午5时，法国公学郎之万教授的报告厅里座无虚席，这是第一次讨论会，正像德国人说的那样，是第一次学术讨论会。巴黎所有的物理学家、数学家和各系的教授，以及全体科学院院士都出席了。爱因斯坦谦虚而若有所思地坐在郎之万身边，等待着解答大家对他的理论提出的问题。"

4月3日，在法兰西协会的物理学讲堂里举行了较小范围的讨论。爱因斯坦指出了用观察在彼此相对运动着的系统里的时钟进程的方法来校准时钟是不可能的。主要的诘难者是潘列维，这是一位曾热情地谈论过爱因斯坦，但批评过相对论的基本前提的著名思想家。

3天后，在索尔波纳举行了法兰西哲学协会会议，爱因斯坦在会上阐明了自己对康德哲学、马赫哲学的看法。关于康德，爱因斯坦说："我不认为我的理论合乎康德的思想，即不合乎我所了解的康德的思想的。在我看来，康德哲学中最重要的东西，是他所说的构成科学的先验概念。现在有两个相反的观点：一个是康德的先验论，依照它，某些概念是预先存在于我们的意识中的；另一个是彭加勒的约定论。两者在这一点上是一致的，即都认为要构成科学，我们需要任意的概念；至于这些概念究竟是先验地给定的，还是任意的约定，我都不能说什么。"

在谈到爱因斯坦理论与马赫理论的关系时，爱因斯坦回答说："从逻辑的观点来看，相对论同马赫的理论之间似乎没有很大的关系。在马赫看来，要把两个方面的东西加以区别：一方面是经验的直接材料，这是我们不能触犯的；另一方面是概念，这却是我们能加以改变的。马赫的体系所研究的是经验材料之间存在着的关系；在马赫看来，科学就是这些关系的总和。这种观点是错误的，事实上，马赫所做的是在编目录，而不是建立体系。马赫可算是一位高明的力学家，但却是一位拙劣的哲学家。他认为科学所处理的是直接材料，这种科学观使他不承认原子的存在。要是他还同我们在一起的话，他或许也会改变他的看法。但是我要说，对于另外一点，即概念是可改变的这一观点，我倒是完全同意马赫的。"

与美国、英国不同的是，著名的巴黎科学院拒绝接受爱因斯坦。在这个以保守和偏见闻名的最高学术机构里，有三十名院士表示，如果爱因斯坦来，他们就走。所有这一切爱因斯坦都耳闻了。其实，他早就准备拒绝邀请，从而使他的许多朋友免于难堪。

巴黎科学院的这些事情，爱因斯坦在柏林科学院已经领教过了。过去，在柏林科学院里，有人曾暗地里威胁院士们，在开会的时候，谁也不许坐在爱因斯坦身旁。爱因斯坦则表示自己宁可去凭吊昔日的战场。

在返回德国的那天清早，爱因斯坦访问了法国东部曾遭到战争破坏的城镇和乡村。一辆汽车载着爱因斯坦向昔日的战场驶去。1914 年，德国军队就是沿着这条战线进攻法国的。这里，整片整片的树林只留下了焦枯的树桩。车停后，爱因斯坦沿着弯弯曲曲的战壕慢慢向前走去。战壕上，有几棵孤零零的野草在风中摇曳。村庄是一片瓦砾，寂静得像地狱一般。极目望去，看不到一点生的迹象。面对残垣断壁，爱因斯坦再次流露出对战争的憎恶。他暗下决心，要不惜一切代价消灭战争，并极力谴责威胁人类和平的法西斯主义。

爱因斯坦回过头对陪同他的郎之万和索洛文沉痛地说："每

一个德国学生，不，全世界每一个学生，都应该到这里来看看。他们会看到，战争有多么丑恶，多么可怕。空谈和平是没有用的，我们应该为和平事业切实工作，为和平而斗争……"

在法国，这位相对论创始人虽然没有受到一年前他在美国和英国那样隆重的欢迎，但这位德国物理学家的访问却在学术上取得了巨大成功。另外，他的访问在当时有着重大的政治意义，人们说"爱因斯坦是一个和平使者"。爱因斯坦把访问巴黎看作是德、法人民间的进一步谅解，也是德、法两国自然科学家重新交往的第一步。

7. 中国之行

爱因斯坦在 1915 年完成相对论的研究后，中国媒体上很快就报道了。1919 年 11 月 6 日，在伦敦皇家学会和皇家天文学会联合会议上公布了星光弯曲的日食观测结果后，爱因斯坦一夜之间成了世界名人。这件事迅即传到中国，中国对爱因斯坦的科研成果相对论的报道立即见诸报端。尤其是上海，《东方杂志》《少年中国》《科学》和《学艺》等杂志上，都报道了相对论所取得的成就和它的基本内容。例如，《少年中国》发表了报道性文章《光线能被重力吸引之新说》和《20 世纪之牛顿》。其中第二篇文章对 1919 年的日食观测作了报道："1919 年科学界发生了一件大事，这不单是新世纪的一大发现，也可以说是人类文明进步的一大关键，因为那年天文学发现光线曲折的现象，爱因斯坦的相对论得到了有力的证据。这种理论确立以后，科学界奉为天经地义的牛顿重力法则怕要被推翻，物理学几何学上的公理不免动摇，近世哲学上的发明发现没有比这更重要的了。"此后，介绍相对论的文章在中国没有中断过。与此同时，有关相对论的译著和著作也先后问世，这对于相对论的传播更为重要。

特别值得一提的是魏嗣銮先生于 1921 年 8 月 25 日写信给爱因斯坦说，你的相对论在中国也很引人注意，有许多学会或团体都发出专号来讨论这个问题。譬如，少年中国学会就是这些学术团体之一，现在它的会员很想将他们的研究心得在他们的月刊上发表。他们很重视这件事，所以他们特请你给他们一个许可。假如你愿意，请给他们一张相片。信中提到的少年中国学会，其会员很多是中国革命的先行者，如毛泽东、张闻天、李大钊和恽代英等人；还有一些后来成为著名的学者，如杨钟健、朱自清、宗白华等人。爱因斯坦收到魏嗣銮的信之后，于 1921 年 9 月 5 日回信说："尊敬的数理科大学先生魏嗣銮：你的信我已收到了，我很感谢你。你们要出相对论专号，我对于这件事异常喜欢。而且，我很愿意许可你们这样做。我的相片夹在信中，请你们收纳。尊敬你的爱因斯坦。"

1920 年上半年，北京大学校长蔡元培接到正在德国访问的袁希涛先生的信，说爱因斯坦想到东方讲学，有意到北京大学来，问北大是否愿意接待？蔡元培当即表示欢迎。后来，因为爱因斯坦一时离不开德国而未能如愿。

1921 年春，蔡元培出访欧洲，考察欧洲教育。他利用这一机会专程拜访了爱因斯坦，再次欢迎他到中国讲学。爱因斯坦回答说："我今年 4 月初将访问美国，还要为希伯来大学的创建筹集资金，归途中又要到英国讲学，因此暂时不能到中国去。"蔡元培说："到美国后再到中国是很方便的，何不乘此机会到中国一游？"爱因斯坦认为行程太紧，还是婉言谢绝了。1921 年 3 月 16 日，蔡元培在日记中记下了这件事："午前，夏君浮筠，林君宰平同访爱因斯坦（EiMMin），知彼将往美国，为犹太大学筹款。归途到英、荷为短期演讲，即回德。彼现任物理研究所所长，言德人不愿彼久离德。询以是否能往中国，答甚愿，但须稍迟……"

1922年3月，北大教授朱家骅从德国转来爱因斯坦给蔡元培的一封信，信中说1921年之所以不能访华，一是由于时间不够，二是由于报酬太低，现在"日本请我去讲学，报酬丰厚……如果我再到北京讲学两周，便比较合适了。……就权利而言，你们诚然是先约我的，但是日本人先提出优越的条件（我及夫人居住费外，另给报酬x英镑），似乎也有一种优先的权利。我希望我们双方可以满意地协定办法，并亲眼观看东亚文明的发源地……"

6月下旬，中国驻德国使馆又转给蔡元培一封爱因斯坦的亲笔信，信中说："深愿于本年冬季至贵国北京大学讲学，时间以两周为限。"信中还提出了具体报酬："（一）一千华币改为一千美金；（二）东京至北京，及北京至香港旅费，以及北京饭店的开销，均请按两人计算。"爱因斯坦提出1000美元的报酬，应该说是相当高的，所以蔡元培曾说爱因斯坦"开的价也是天文数字，还真不知往何处筹措呢"。蔡元培立即与梁启超和各学社接洽，取得了各方的大力支持，这才复电中国驻德大使："条件照办，请代订定。"这年8月，驻德大使回电说已将意见通知爱因斯坦，爱因斯坦明确表示"于新年来华"。接到电讯后，北京大学和上海各学术团体开始积极为爱因斯坦来华做准备。1922年11月14日，蔡元培在《北京大学日刊》发表了"爱因斯坦博士来华之准备"的报告，算是一个正式的通知。

接着，北京大学从11月下旬到12日中旬，举办了一系列专题讲座，主持讲座的人都是当时的一流学者，如丁西林主讲"相对论从前的力学"，张竞生主讲"相对论与哲学"等等。在上海，《申报》在 11 月中下旬的《星期增刊》上先后发表了两篇介绍相对论的文章。

1922 年 11 月 12 日上午 10 时许，爱因斯坦夫妇乘坐日本海轮《北野丸》号抵达上海汇山码头。到码头迎接的有中国各界代表、日本《改造社》代表稻恒守克、德国领事普菲斯特夫妇和住在上海的犹太人。

爱因斯坦下船后，欢迎者到上海"一品香"餐厅为爱因斯坦夫妇洗尘。在"一品香"餐厅里，爱因斯坦面对丰盛的中国菜肴，情不自禁地感叹道："具有古老文明的地方，其烹调也必然发达，中国就是这样。而像美国那些国家则像是往炉子里添煤似的只考虑给胃里增加多少卡路里。"

午饭后，爱因斯坦夫妇在一行人的陪同下到上海城隍庙游览。爱因斯坦夫妇显得兴致勃勃，爱尔莎对古玩和工艺品很有兴趣。接着，他们又前往上海大世界游乐场。爱因斯坦很想听听中国音乐，那天剧院上演的是昆剧。接着，爱因斯坦又游赏了豫园和主要街道。当爱因斯坦走进上海南京路时，狂热的青年学生高呼："爱因斯坦！爱因斯坦！"大家把爱因斯坦高高地抬起来，都以能触摸到爱因斯坦的身体为荣。

接着，中国文化教育界在著名书画家王震家中设宴招待爱因斯坦夫妇。参加宴会的有德国驻上海总领事哈尔、同济大学校长德国人斐司德和夫人、时任上海大学校长的于右任、《大公报》经理曹谷冰，以及张季鸾、张君劢教授等人。于右任即席致辞说："我代表中国青年略述钦仰之意，博士实为现代人类之夸耀，不仅在科学界有伟大之贡献与发明。中国青年崇仰学术，故极崇仰博士。今所抱歉者，时间匆促，不能多尽东道之谊，又不能闻博士伟论。唯愿博士在日本讲学既毕，重为我国青年赐诲。"爱因斯坦也致了答词："推之中国青年，敢信将来对于科学界定有伟大贡献。此次匆遽东行，异日归来，极愿为中国青年贡献所见。"

当晚6点半，爱因斯坦夫妇到日本人俱乐部参加欢迎大会。据11月13日《申报》介绍，"到者颇众，并有国际联盟代表鸣山秀夫博士出席欢迎会"。爱因斯坦发表了即席讲话，讲完后接受大家的提问。有人问道："您是否真的看见有人从屋顶落下来才想出广义相对论的？"爱因斯坦回答说："不是看见有人从屋顶上掉下来，而是我自己想象出来的，这不过是因为这个人在这种时候感觉不到重力。"

第二天凌晨，爱因斯坦夫妇仍乘原船前往日本神户。据当时报刊报道，中国人看到的爱因斯坦是这样的形象，他"是一个相貌和蔼的绅士，看起来更像一位乡村牧师，而不像是发现了颠覆世界的理论而且从世界上最伟大的科学家手中得到诺贝尔奖的人。他穿着很普通的黑色衣服——一件礼服，带了一条黑白相间的领带，这和他的胡子很相配。他有着一头短而浓密的灰色头发，就像是一顶纸制的王冠，有的地方被压扁了。他还有一双棕色的炯炯有神的眼睛。他说起话来，声音低沉温和，根本没有经常能够在德语中听到的刺耳的音调"。

就在他到达上海的当天上午，从瑞典驻上海领事馆传来正式通知：1921年的诺贝尔物理学奖将授给他。

爱因斯坦谈到他来上海的感想时说："余第一次至东方，极为欢喜，有许多惊异之闻见。此间理想之气候，澄清之空气，南方天空灿烂之星斗，皆使余之头脑得一难以消灭之印象。此种印象，余将永不忘之。"

爱因斯坦此次到上海，引起了中国人对相对论的极大兴趣。

北京、上海、南京各大学都向爱因斯坦发出讲学邀请。爱因斯坦本人不仅在宴会上欣然接受了这些邀请，而且在和其他人的谈话中也一再明确表示准备应邀到北京、南京各大学演讲，还拟在上海演讲两三次，因此，他希望离沪早去早回，表示在日本"逗留7个星期之后即来中国"。

原来约定 12 月中旬到中国讲学，但是爱因斯坦直到 12 月 31日上午才乘"榛名丸"号抵达上海，到上海后，他在 1923 年元旦那天为上海犹太青年会讲了一次相对论，地点是福州路 17 号公共租界工部局礼堂。原来，上海的犹太人青年会和几个由西方人组成的业余学术研究团体为爱因斯坦召开了欢迎会，并且邀请爱因斯坦在元旦为他们做相对论的演讲。尽管第二天就要坐船前往耶路撒冷，爱因斯坦还是接受了这个请求。

几百人的会场座无虚席，几乎全是犹太人和西方人，只在讲堂的一角有几个来自同济医工学堂（今同济大学前身）的中国学生。因为同济医工学堂是德国人办的学校，所以是德文授课。

听众中大多数人根本不知道相对论为何物，也没有学过最基本的物理知识，他们只知道爱因斯坦是当今世界首屈一指的科学家，今天要来跟大家讲最高深的知识。

那几个中国学生特别兴奋，其中有一个叫作魏嗣銮的大学生尤其显得兴奋，他是《少年中国》杂志的相对论专号的主编。他早在一年前就从英国大学者罗素在中国做的多场相对论的演讲中受益匪浅，从那以后就爱上了物理学，尤其对相对论充满了求知欲。他曾给爱因斯坦写过信，向爱因斯坦要过照片，爱因斯坦居然回了信，并且真的给了他一张照片。今天，魏嗣銮有幸能见到爱因斯坦本人，真是兴奋极了。

在听众热烈的掌声中，爱因斯坦走上讲台，开始用德语演讲。爱因斯坦首先介绍了牛顿的绝对时空观，然后由此讲到了以太在麦克尔逊和莫雷实验中遇到的困难。接着，爱因斯坦抛出了自己的观点：以太是不存在的。爱因斯坦说："我有三个最基本的原理，一是光速在任何参考系中都恒定不变，二是物理规律在任何参考系都不变，三是引力和加速度是完全等效的。从这三个原理出发，我们就可以得出一系列惊人的推论。"

刚开始，爱因斯坦用生动的比喻介绍同时性在不同的参考系中不成立时，听众们还勉强能听懂。但是，随着演讲的深入，爱因斯坦不得不用到大量的数学知识来讲解时间为什么会变慢，空间为什么会收缩，以至于后来讲到引力使时空弯曲的时候，用到的都是微积分的方程式。这样，越来越多的听众开始进入梦乡了。好在最后爱因斯坦讲起大家早就耳熟能详的星光实验，讲起了爱丁顿的远征队，总算把一部分观众从睡梦中唤醒。

爱因斯坦两个小时的讲解让魏嗣銮听得如醉如痴，虽然这些知识对他而言不算陌生，但是今天能听见爱因斯坦亲口说出来，那种感觉是非常美妙的。

最后是提问时间，一开始还有几个懂科学的西方人提出一些粗浅的数学问题，但是随着提问的继续，很快就逐步演变成一场奇怪的问答。问题千奇百怪，几乎跟相对论毫无关系。爱因斯坦有点窘迫，不知道该怎么结束这场演讲。

就在这时，他看到一个年轻的中国人拼命地举手挤到前台来，爱因斯坦便示意他提问，心里已经做好了回答更可笑问题的准备。不料，这个中国小伙子用德语流利地问道："请问教授，如果按照您的引力场方程，在宇宙整体'张量'没有反作用力的情况下，整个宇宙是否意味着要么收缩要么膨胀呢？"

爱因斯坦听了大吃一惊，心想，中国居然还有这样的人物，太不简单了。这个问题正是爱因斯坦一直在苦苦思索的问题，没想到今天在上海从一个年轻的中国小伙子嘴里问出来。爱因斯坦说："关于这个问题，我很难回答，从方程式的角度来说，是的，宇宙很难维持稳态，但是我想这里面恐怕没有我们想的那么简单，一定还会有些别的因素存在。年轻人，请问你叫什么名字?"小伙子回答道："我叫魏嗣銮，先生，我们通过信。"

爱因斯坦想起来了，他对魏嗣銮说："你很了不起，魏嗣銮先生，你将来一定能做出巨大的贡献，有机会来欧洲留学吧，欧洲很多大学都会欢迎你的。"

半年后，魏嗣銮以优异的成绩从同济医工学堂毕业，并且考取了公派赴德国的留学生资格，他将到法兰克福大学攻读物理学。

这次演讲结束后，有人问爱因斯坦对于当时颇为盛行的"心灵学"有什么看法，爱因斯坦用法语很干脆地回答说："不值一提。"

第二天，即1923年元月2日上午11时，爱因斯坦仍乘《榛名丸》号离开上海南行，而后到达埃及塞得港。

在爱因斯坦第一次途经上海之后，中国各大学和学术团体都忙于筹集资金，创造条件，准备欢迎爱因斯坦到中国讲学。

然而，爱因斯坦第二次到达上海之前，1922年12月7日，曾在日本京都寄给当时北大理学院院长、物理学教授夏元瑮（字浮筠）一封信，信中写道："夏博士鉴：今日接来书，甚为欣喜。然予恐不能来北京，对于君之盛意，实异常抱歉。此次在日本，以种种原因，费时太久，游中国、印度之决心竟不能见诸事实。北京如此之近，而予之夙愿终不得偿，其怅怅之情，君当可想象也。现以要事，急需西归，不能与君一晤，只能函告一切，君之盛情，敬心领矣。然予甚期望君不久再来欧洲，吾等仍可会谈也。尊夫人之处，亦乞问候。爱因斯坦。"

是什么原因使得爱因斯坦没有在中国讲学，而使中国科学界失去一次绝佳的机会呢？从爱因斯坦1922年12月22日写给蔡元培的信来看，这完全是一场误会。爱因斯坦在信中写道："校长先生：虽然极愿意且有从前郑重的约言，而我现在不能到中国来，这于我是一种莫大的痛苦。我到日本以后，等了五个星期，不曾得到北京方面的消息。那时我推想，恐怕北京大学不打算践约了。因此，我也不便向尊处奉询。还有，上海斐司德博士——像是受先生的全权委托——曾向我提出与我们从前约定相抵触的留华的请求，我也因此揣测先生不坚决履行前约。因此种种关系，我将预备访视中国的时间也移在日本了，并且我的一切旅行计划也都依着'中止赴华'这个前提而规定。今日接到尊函，我才知道是一种误解；但是我现在已经不能追改我的旅程。我今希望先生见谅，因为先生能够想见，倘使我现在能到北京，我的兴趣如何之大。如今我切实希望，这种因误解而发生的延误，将来再有弥补的机会。"

蔡元培看了这封信后，和许多学界人士一样，为失去这次绝佳的机会而极为失望。蔡元培并没有想到，竟因为双方未签合同而失去这样一次可贵的机会。

此次中国之行，爱因斯坦在日记中写到了他对中国人的印象。他说中国人备受挫折，但善良、坚强、稳重，虽然在军阀统治下有些迟钝，但很健全。

在上海，爱因斯坦虽受到文化界的热烈欢迎，但租界的高楼大厦与上海老城的破破烂烂的木房子对比太强烈，反差太大了。爱因斯坦记下了他对上海的印象："在外表上，中国人引人注意的是他们的勤劳，是他们对生活方式和儿童福利的要求的低微。

他们比印度人更乐观，也更认真。但他们大多数是负担沉重的：男男女女为每日 5 分钱的工资天天在敲石子。他们似乎鲁钝得不理解他们命运的可怕。但这对于一个想在全世界各处看到社会幸福、经济公平、国际和平和阶级和平的人，实在是一幅悲惨的图像。这个城市表明欧洲人同中国人的社会地位的差别，这种差别使得近年来的革命事件部分地可以理解了。在上海，欧洲人形成一个统治阶级，而中国人则是他们的奴仆。他们是受折磨的、鲁钝的、不开化的民族，而同他们国家的伟大文明的过去好像毫无关系。他们是淳朴的劳动者，欧洲人看中的也正是这一点。"

中国之行，使爱因斯坦对中国的"五四"运动有了理解和同情。爱因斯坦两次路过上海，对这个古老的民族有了最初最直观的认识，中国也成了他后半生常常惦念的地方。后来，他曾两次联合英美知识界声援中国被捕的进步人士，还曾在大洋彼岸发出倡议，支持中国的抗日战争。为了让中国人民早日渡过抗战难关，他曾在美国两千个城镇发动了援华捐款行动。

8. 日本之行

1919 年 4 月，日本改造社成立了。这是一家新兴的、实力雄厚并富有创新精神的出版社。其创办人即社长山本实彦。

改造社主办综合性月刊《改造》，杂志每期发行 5 万多份，行销颇广。

1921 年 9 月 26 日，改造社驻德国特派记者室伏高信邀请爱因斯坦访问日本，爱因斯坦很快便接受了邀请。

那时，从欧洲到日本仅旅途往返就得花近 3 个月的时间。爱因斯坦作为对现代科学做出了革命性、基础性贡献的大科学家，受到世界各国政府和大学的邀请，已经应接不暇了。实际上，他只能接受极少的一部分邀请。但对于像日本这样遥远的东方国家，爱因斯坦能够接受邀请，多少有些不可思议。为此，室伏高信见爱因斯坦很快便接受邀请，实在是受宠若惊了。

曾于 1903 年提出原子结构"土星模型"、被誉为'日本物理学之父"的著名物理学家长冈半太郎对爱因斯坦答应访日也感到意外，他甚至担心说："在日本懂得相对论的人极少，除了石原纯和桑木或雄外，几乎没有其他人。为了这几个人邀请爱因斯坦值得吗?"

爱因斯坦访问日本可谓一波三折，室伏高信邀请爱因斯坦时，答应的条件是邀请方在含行程的 3 个月访问期间里，支付往返旅费及演讲费 2000 英镑；此外，对出版爱因斯坦论文和书稿，另外按每 3000 字 30 英镑计酬。爱因斯坦同意了这些条件。

与此同时，日本东北帝国大学教授石原纯受改造社之托，给爱因斯坦写了一封邀请信。由于当时的通信条件有限，爱因斯坦收到这封信已是两个月以后的事了。这时，室伏高信还在回日本的船上。

在石原的邀请信中，对爱因斯坦承诺的条件是在日本停留 1 个月，支付演讲费 1 万日元，并在爱因斯坦答复后即行提前支付三分之一。此外，对爱因斯坦在《改造》杂志上发表的文章，按每 4000 字支付 400 日元的报酬。这与室伏高信与爱因斯坦所谈的条件发生了很大的变化：一是原定往返 3 个月，除去路上的 80 天左右，在日本只停留 10 天，而这次却成了 30 天；二是演讲的酬金也发生了很大改变，前面开出的 2000 英镑接近 2 万日元，而这封信中却讲只有 1 万日元，比前者少了一半。这些变化引起爱因斯坦的不满，他立即给石原纯回信，谢绝了日本的邀请，并毫不客气地说明了理由："需要确切说明的是，您来信中所提的诸条件，与室伏先生给我的文书并不一致。"

当室伏高信回到日本后，才发现与石原纯的邀请撞车了。于是，改造社社长山本实彦不得不亲自写信，再次邀请爱因斯坦访日，除希望在日停留时间为 1 个月外，同意室伏高信给出的 2000 英镑，并在爱因斯坦确认后先期支付一半，同时还附加了全额支付爱因斯坦夫人在日期间一切费用的优厚条件。这样，爱因斯坦才接受了邀请。

1922 年 10 月 8 日，爱因斯坦夫妇乘坐日本邮船"北野丸"从法国马赛港启程，经过 40 天的航行，于 11 月 17 日抵达日本神户港，长冈半太郎、石原纯、山本实彦等人上船迎接。

11 月 18 日，当爱因斯坦抵达东京的时候，受到上千人的欢迎，甚至有人高呼"万岁"。当记者问到爱因斯坦访问日本的目的时，他回答道："通过阅读小泉八云等人的著作，想亲眼看看美丽的日本，特别是想亲身体会一下日本的音乐、美术、建筑等等，这是其一；通过科学这个世界纽带进一步改善国际关系是我的使命，这是其二。"

第二天，日本各大报纸纷纷刊登爱因斯坦抵日的消息，立即在全日本掀起了一股"爱因斯坦热"。除了人们对他的崇拜外，与爱因斯坦作为一个"世界公民"对国际社会的关心，以及他的人格魅力也有很大关系。

在访问日本期间，除专题学术讲座外，爱因斯坦分别在东京、仙台、名古屋、京都、大阪、神户和福冈等 7 个城市作了 8 场普及性报告。尽管每场门票都价格不菲，但听众最多时竟超过 3000 人。

由于时间安排过于紧凑，爱因斯坦疲惫不堪，最后不得不提出"抗议"。

尽管如此，爱因斯坦还是参加了与许多青年学生的见面会、欢迎会，除北海道外，几乎与日本全土的学生都有直接的接触。

爱因斯坦所到之处，到处是欢迎的人群，人们都想一睹物理大师的风采。在早稻田大学访问时，上万名学生一拥而上欢迎爱因斯坦。新闻记者跟踪采访，诗人为爱因斯坦献诗，连他用过的草稿纸、讲课的黑板都有人收藏。从学生到市民，从皇室到官员，人们争相观看介绍相对论的电影。东北帝国大学的几名教授甚至创作了三幕六场话剧——《相对性理论戏剧》。

11 月底，爱因斯坦到达神户时，欢迎他的市民人山人海。接连不断的演讲、会晤、接见和访问开始了，最令人为难的是每句话都要翻译。演讲会上，人们端坐恭听他们不懂的德语，然后更注意地倾听日本学者翻译出来的日本话。这样，第一次演讲加翻译竟持续了 4 个多小时。爱因斯坦决定化繁为简，演讲时连演讲带翻译只用两小时。这时，爱因斯坦的日本同行有点不好意思地对他说："这种压缩使听众感到很不快。"爱因斯坦听了，苦笑道："人类为什么有这么多语言！"

爱因斯坦原计划在日本停留 1 个月，实际上却是 43 天，这与日本方面的隆重接待不无关系。

爱因斯坦访日期间，日本大正天皇正在患病，改由皇后代为接见，皇后极重视爱因斯坦访日。直到 12 月 29 日，爱因斯坦夫妇才在神户港登上邮船"榛名丸"，离开日本南行。

爱因斯坦对日本的访问，其影响深远，被称为"爱因斯坦效应"。

与"爱因斯坦热"所引发的表面的、大众化的热情相比，学术界更多的是理性思考。首先，爱因斯坦的来访促进了相对论在日本的传播，对日本物理学的发展产生了直接的影响。早在爱因斯坦访日之前，日本已经有学者对相对论进行了介绍和研究，有些工作还很深入。

第一位接触爱因斯坦的日本人是物理学家桑木或雄，他曾担任日本科学史学会首任会长。从德国留学归国后，他于1911年发表了论文《相对性原理中的时空观》。此后，他发表了许多从认识论角度研究相对论的论著，还著有《爱因斯坦传》一书。

被称为"日本相对论第一人"的石原纯，是当时少数几个懂得相对论的人。他从1909年到1918年的10年间，共发表科学论文38篇，全部为德文，其中与相对论有关的就有27篇。他对相对论在日本的传播贡献卓著。在爱因斯坦访日期间，他担任爱因斯坦的学术翻译。

爱因斯坦访日之后，日本对相对论的研究更如雨后春笋，蓬勃发展，为日本的理论物理学研究打下了良好的基础。

此外，爱因斯坦的访问改变了日本人的科学观，间接促进了日本科学研究的制度化，最重要的是对日本青年的熏陶和启蒙。

有识之士认为应该把爱因斯坦访日的1922年看作日本人最初把科学作为有血有肉的思想来认识的值得纪念的一年。此前，日本人只把科学作为赶超西方的一种工具。

20世纪20年代，正是日本的科学研究从科学家的个人研究向企业化、规模化转换的时期。日本人开始认识到企业发展、军事建设等越来越依赖于科学技术的进步，一大批国立和民办研究机构相继设立。

数学家、日本科学普及的开拓者小仓金之助说："爱因斯坦的来访，毫无疑问，给予青年人以莫大的刺激，对日本的数学和物理学的发展带来了相当大的影响。"

日本实验物理学先驱菊池正士说："爱因斯坦博士来日本演讲的时候，我还是高中三年级的学生。虽然我没有亲耳聆听，但从那时起，唤起了我对相对论的兴趣，对后来研究物理学有很大的刺激。"

日本第一个诺贝尔物理学奖获得者汤川秀树，当时还只是初中生，直到17年后才见到爱因斯坦。他在回忆录中写道："尽管这时相对论对我来说还是对牛弹琴，但不知不觉中爱因斯坦的名字进入了我的耳中。在我的潜意识里，以理论物理学为发展方向，或许就是从这时渐渐开始的。正因为如此，升入新年级后，对物理实验热心起来。"

与此同时，以爱因斯坦访日为契机，一大批科学启蒙杂志相继创刊，报纸开辟科学专栏，日本进入科学普及的快速发展时期。

爱因斯坦的访问对整个日本社会的思想和文化都产生了广泛的影响。人们把爱因斯坦比作同时代列宁式的革命性人物，因为他在物理学、科学领域的创造，绝不亚于当时领导苏联人民进行社会革命的政治领袖列宁。

爱因斯坦访日当年，也是日本学生运动、工人运动和知识分子运动频繁的一年。刚刚成立的全国学生联合会致信爱因斯坦："我们对爱因斯坦教授在世界大战中对资本主义国家及其发动的战争的彻底反抗态度，表示由衷的敬意。"

日本无产者同盟给爱因斯坦发电报，请爱因斯坦发表对日本帝国主义政府的看法。爱因斯坦有一双犀利的眼睛，对日本政治形势洞若观火。他在回国的船上回信说："日本存在着由于人口过剩而引发的工资低廉化和军国主义化的危险。"

当时，还在东京帝国大学读研究生的唯物主义思想家三枝博音，不久发表了处女作《相对论中包含的哲学问题》。京都大学学生、后来的哲学家户坂润在爱因斯坦的影响下，从认识论和存在论的角度对空间问题进行考察。生理学家桥田邦彦用相对论研究生命哲学。经济学家福田德三以相对论为武器，开展对社会政策的研究。

爱因斯坦在日本还做了一件十分重要的事，那就是帮助《爱因斯坦科学论文集》日文版在日本出版。这是第一部爱因斯坦文集，用的不是爱因斯坦的母语德文，也不用其他欧洲语言，用的是一种陌生的东方语言日文出版，这使爱因斯坦对勤奋好学的日本人民产生了敬意。

爱因斯坦在日本还会见了日本儿童，他对孩子们说："你们在学校里学到的知识是先辈们的遗产，你们自己也应该对它有所增添并传给自己的孩子们，因为这样做，即使我们死去，也将在我们身后遗留下来的、我们共同创造的事物中达到不朽。"

在给好朋友索洛文的信中，爱因斯坦说："日本是奇妙的。人们温文尔雅，对一切都感兴趣，有艺术鉴赏力，智力上的天真与健全的思维融合在一起。他们是景色如画的国度里的优秀民族。"

9. 巴勒斯坦之行

在日本停留几个星期后，爱因斯坦和爱尔莎启程回国。回国途中，爱因斯坦于 2 月 2 日到访巴勒斯坦。

在巴勒斯坦，爱因斯坦受到最高规格的接待。2 月 8 日，他成为特拉维夫市的第一位荣誉公民。不列颠高级专员萨缪尔请爱因斯坦夫妇住进自己的官邸，并亲自担任向导。

爱因斯坦在巴勒斯坦逗留了 12 天。两年前，由爱因斯坦和魏茨曼博士一同到美国去募款，用他们募来的款项建立的希伯来大学已经完成一半了。这所大学坐落在耶路撒冷以北的橄榄山上，周围风景秀丽。天气晴朗的时候，从这里向东可以看到摩亚布的山峰，向南可以看到约旦河静静地流入死海。

早在 19 世纪末，当第一批犹太人新居在以色列创建时，来自德国海德堡大学的数学家赫曼·斯卡支拉教授就撰写了一系列文章建议犹太民族创办希伯来大学。到 1902 年，查姆·马丁·巴博教授和伯索得·菲威尔博士联合提出了创办大学的具体规划，得到了犹太复国运动领导人的支持。于是，便开始征集学校用地，并于 1918 年由魏兹曼博士主持举行了学校的奠基典礼。

学校第一届董事会由以下著名犹太人士组成：奥地利物理学家、神经病学家及心理分析的创始人西格蒙德·弗洛伊德，以色列神学家和哲学家马丁·巴博，物理学家、相对论创立者阿尔伯特·爱因斯坦等。他们明确了希伯来大学的 3 个主要目标：一是要将希伯来大学建成具有国际声誉的高等学府；二是要为犹太国的创建与发展发挥重要作用；三是要把希伯来大学建成一所犹太人的大学。

希伯来大学的奠基典礼是在 1918 年举行的，但直到 1925 年才全部完成。当爱因斯坦来到巴勒斯坦时，这个小山上只有 15 栋现代化的建筑物，有近千名的学生在这里求学。萨姆总督向爱因斯坦介绍说："希伯来大学由世界最权威的大科学家来担任最早期的课程，这将给大学带来光明的前途。"

在这所大学，爱因斯坦登上讲台，向犹太学生演讲相对论，让犹太学生大开眼界，深感荣幸。

接着，爱因斯坦又到地中海沿岸参观正在建设中的犹太人城市。那里有现代化的建筑、娱乐场所、工厂以及设备完善的中小学校。爱因斯坦想："只要他们继续奋斗，不久的将来一定也能建设这样的城市。"

在巴勒斯坦，自由惯了的爱因斯坦不得不遵守他一向讨厌的礼仪。每次外出，府邸里都要鸣礼炮。每到一处，都有一队戎装的骑兵跟随爱因斯坦。在隆重的接见、宴会和早餐时，都要一丝不苟地遵守全套的英国礼仪。

爱因斯坦作为著名的科学家，深受人们的爱戴。他提出的相对论理论震动了物理学界，家喻户晓。但是，他提出的另外一个理论却鲜为人知，那就是在巴勒斯坦建立完全独立的犹太国。他认为这个犹太国将成为所有犹太人的文化中心、避难所和犹太精英的活动场所，这是一个有着统一的理想，让全世界犹太人都能获得内心健康的国家。

爱因斯坦盛赞富有高度智慧和高尚品德的犹太男女青年在巴勒斯坦炽烈的阳光下砸石头，修公路；兴建水利，在长期荒芜的土地上开垦出大片大片的农田；发展工业，建设幸福的家园。

从一开始，爱因斯坦就主张建立一个属于阿拉伯人和犹太人共有的国家，希望在和平的基础上与阿拉伯人达成协议。

由于爱因斯坦的国际声望和人格魅力，以色列建国后，大家一致希望他继承魏兹曼担任以色列第二任总统。

对此，爱因斯坦说他不适合这个工作，而且担心作为一个总统他将不得不为其他人的决定承担道德责任，而这些决定也许与他的道德相冲突。爱因斯坦不肯出任以色列总统，人们都为之惋惜。

辞别巴勒斯坦后，爱因斯坦和爱尔莎于 1923 年 3 月到达马赛，从马赛前往西班牙，然后返回柏林。

10. 西班牙之行

爱因斯坦在归途中，接到西班牙马德里大学的邀请。

爱因斯坦在西班牙受到了热烈的欢迎，被邀请到阿方索十三世的宫殿，并且被推举为科学院的院士。

1909 至 1911 年，阿方索十三世的统治为一系列革命运动所困扰，其中尤以马德里和巴塞罗那发生的革命活动最为剧烈。

民众打出推翻君主制的旗号走上街头，阿方索十三世在舆论压力下，在立法、教育和宗教等多方面进行了一些改革。在第一次世界大战期间，阿方索十三世保持中立政策，从而使衰弱的西班牙免于战火。

马德里大学校长将名誉博士学位分别赠予爱因斯坦和爱尔莎。马德里大学是西班牙历史最久，规模最大，科系最全的大学，正式建校于 1499 年，但其源头可追溯到 1293 年。学校位于首都马德里市郊，共有两个校区。马德里大学图书馆是西班牙全国规模最大的图书馆，拥有 200 万部藏书，40000 本杂志。

马德里大学院系齐全，课程由古典文学到尖端科技均有开办。

爱因斯坦所到之处，都洋溢着西班牙人民对他的热爱之情。爱因斯坦具有无比的感召力，他的相对论更是人类智慧的骄傲，同样具有无与伦比的感召力。在迎宾宴席上，西班牙教育部长对爱因斯坦说："如果教授和夫人不愿意住在德国，我们西班牙等候你们的光临。"对此，爱因斯坦深表谢意。

五　在欧洲的最后岁月

1. 荣获诺贝尔奖

1923 年 7 月，爱因斯坦前往瑞典参加诺贝尔奖授奖仪式。

诺贝尔奖是以瑞典著名化学家、硝化甘油炸药的发明人阿尔弗雷德·贝恩哈德·诺贝尔的部分遗产（3100 万瑞典克朗）作为基金创立的。诺贝尔奖分设物理、化学、生理或医学、文学、和平等五个奖项，以基金每年的利息或投资收益授予前一年世界上在这些领域对人类做出重大贡献的人，1901 年首次颁发。诺贝尔奖包括金质奖章、证书和奖金。

诺贝尔奖有个评委会，从 1910 年起，不断有世界著名科学家向这个委员会推荐爱因斯坦作为诺贝尔奖的候选人。但是，负责审查的评委尽了最大的努力也没有弄懂相对论；而实验物理学家勒纳德到处散发小册子，指责相对论是搅乱世界视听的胡言乱语。在这种情况下，评委一直举棋不定。

直到 1921 年，爱因斯坦已经获得 8 次提名。这一年，爱因斯坦的名气已远远超过了其他物理学家，但诺贝尔奖评委们还是未能完全接受相对论。

依照诺贝尔的遗言，物理奖金应颁给在物理学方面完成对人类"最有贡献的发明或发现的人"，而爱因斯坦的相对论到底算不算是"发现"，对人类是不是"最有贡献"等等，评委各执一词。而且，对相对论的态度已经发展成政治问题了。因此，瑞典科学院和诺贝尔奖评委会不得不采取非常慎重的态度。

但是，如果这样一直拖下去，不颁发诺贝尔奖给爱因斯坦，将会影响诺贝尔奖本身的权威。于是，评委们以发现光电效应的名义颁给爱因斯坦诺贝尔奖，但有个附加条件，爱因斯坦在获奖演讲时不要提相对论。

这样，爱因斯坦终于在 1923 年 7 月，在哥德堡举行的斯堪的那维亚科学家会议上，在瑞典国王亲临观礼之下，接受了诺贝尔奖。

哥德堡是瑞典西南部海岸上一座著名港口城市，风光秀丽，是瑞典和西欧通商的主要港口。哥德堡也是瑞典旅游胜地之一，还建有大学、海洋学研究所及其他各种文化设施。哥德堡地处丹麦首都哥本哈根、挪威首都奥斯陆和瑞典首都斯德哥尔摩三个北欧国家首都的中心，有 450 多条航线通往世界各地，是北欧的咽喉，也是北欧的工业中心。

诺贝尔奖颁奖仪式相当隆重：15 时，天刚黑，爱因斯坦和获奖人员准时集中前往市中心的音乐厅。他们将进入一个布满鲜花的房间，这些鲜花都是由意大利圣雷莫市政府提供的，因为诺贝尔奖的设立者诺贝尔是在这个城市去世的。16 时 30 分，乐队开始奏乐，全体起立，王室成员驾临。之后便是讲话、颁发获奖证书及金质奖章。

此后，人们来到市政厅，在隆重的气氛中开始了庆祝活动。诺贝尔奖得主乘坐华丽的四轮马车，到院子后，孩子们举着火把列队欢迎。这时，人们有一种置身于 19 世纪的感觉。

接下来便是宴会，这也有一套严格的程序。19 时整，准时打开香槟酒，65 张桌子围绕着国王的主桌按麦穗形排开，蜡烛是大厅内唯一的照明光源。餐桌上头道菜是海鲜，主菜是驯鹿肉，甜点是冰淇淋，1350 位嘉宾都将使用镀金的银餐具。

晚餐结束后，客人们应邀进入一个大厅，在这里所有获奖者等待国王的逐一召见，每位获奖者有幸与国王交谈 5 分钟。像瑞典所有宴会一样，活动将在 23 时之前全部结束。

在颁奖仪式上，爱因斯坦发表了著名的演讲。他利用颁奖这个平台，再次宣传了他的反战思想。他大声疾呼："在我看来，战争是多么卑鄙、下流。我宁愿被千刀万剐，也不愿参与这种可憎的勾当。"这样，爱因斯坦的反战呼声顷刻之间便传遍了全世界。

诺贝尔奖奖金是一笔巨款，更是国际学术界的最高荣誉。爱因斯坦获奖后，将奖金全部交给了米列娃。1914 年起，爱因斯坦开始和米列娃分居，爱因斯坦住在德国，米列娃带着两个儿子住在苏黎世。1918 年，爱因斯坦和米列娃离婚，承诺把将要得到的诺贝尔奖奖金 3.2 万美元交给米列娃作为儿子的抚养费。爱因斯坦说到做到，履行了自己的诺言。

米列娃虽然得到了爱因斯坦的诺贝尔奖奖金，但生活过得并不幸福。小儿子爱德华是个天才，读书过目不忘，钢琴也弹得特别好，但他不幸在 20 岁时患了精神分裂症，大半辈子都住在精神病院里。这样，米列娃的后半生全用来照顾爱德华了。

2. 卡普特别墅

20 世纪 20 年代，由于欧洲对美国来说有重大的经济利益，因此不能对欧洲的动乱不闻不问。1924 年，美国银行家道威斯提出了一项减轻德国战争赔偿的计划。这一计划实际地考虑到德国的支付能力，是符合当时的国际形势的。这样，欧洲各国的关系有了大幅度的改善。不久，法国从德国鲁尔工业区撤军。1925 年10 月，欧洲七国签署洛迦诺公约后，原来各国之间的紧张局势更加缓和了。1928 年，美国国务卿凯格洛提出一项宣布战争为非法的公约，德国的赔偿费用再次减少。

在这种缓和的形势下，再加上某种程度上的经济复苏，德国的通货膨胀和失业得到控制，人民的生活有了很大的改善，对未来充满了希望。这样，魏玛共和国呈现出短暂的繁荣景象。爱因斯坦没有料到在德国繁荣景象的下面，潜伏着的可怕邪恶势力。这种势力能迅速破坏宁静的生活，把人类带到战争的边缘。

爱因斯坦 50 岁生日快到的时候，有一天，爱尔莎看到柏林市政厅的贺寿信函上说，柏林市议会决议把建筑在柏林郊外的一幢美丽的别墅连同地皮赠给爱因斯坦，作为他 50 岁生日的贺礼。

原来，在柏林的一次市政会议上，有人提议说爱因斯坦为柏林带来了巨大的光荣，市政厅应该赠他一份像样的生日礼物，这个提案立即得到一致赞同。

市长根据爱因斯坦喜欢幽静环境和水上运动的特点，决定将柏林市郊哈贝尔湖畔的一幢别墅赠给爱因斯坦。当局代表对爱因斯坦说："请您去看一下吧。这栋别墅建筑在湖边美丽的山丘上，湖畔还有一艘快艇呢。"

爱因斯坦高兴极了，心想工作疲倦时，走到湖畔，乘上快艇，在蓝色的天空下，在白云的陪伴中，忘掉一切烦恼，那该多惬意啊。

赠送别墅的事很快地传遍了全市，报纸刊登了那栋别墅的照片，并对此事作了大量的宣传。爱尔莎满怀兴奋，丢下忙得不可开交的爱因斯坦，一个人去看湖畔的别墅。她想，那里的景色肯定比照片上还美。爱尔莎搭上公共汽车，兴冲冲地跑去看新居，结果碰了一鼻子灰回来。原来，别墅里有人住，跑出一个红鼻子的中年人把爱尔莎奚落了一番。

市政厅官员听说爱尔莎碰了壁，急忙调来房产档案，经核实才发现市政厅早已在几年前将这幢别墅赠给一位贵族了。于是，他们只得向爱因斯坦再三道歉，说是太疏忽了，实在对不起。

别墅送不成，市政厅决定改送一块地皮。这块地皮就在"红鼻子"别墅旁，地点当然不错。爱因斯坦答应接受这块地皮，决定自己花钱在那块地皮上盖一幢房子。可是，那个"红鼻子"不答应。他拿出当初的协议书，上面写着"为保证视野开阔，不得在本别墅附近营造建筑"。

市政厅只得再次向爱因斯坦道歉，说要改送另一块地皮。可是，爱尔莎一踏上那块地皮，马上走来一个彪形大汉，说是奉老爷命令，请爱因斯坦夫人立即离开。原来，那块地皮也是属于那个"红鼻子"的。

第二天，报上登出了抨击市政厅的文章，而那个"红鼻子"也怒火万丈，说市政厅破坏了他的安宁，要和市政厅打官司。

爱因斯坦听说这事后，认为市长虽然办事糊涂，却是一片好心。对于好心人办错事，爱因斯坦是从不生气的。特别是这一回，牺牲者是他本人，他就更不生气了。爱因斯坦就是这样一个凡事总为他人着想的人。

　　有一天，电话铃又响了，还是那位市政官员，说要给爱因斯坦买块地皮，为他建别墅。爱因斯坦说："算了吧，礼物的事不要提了。你们的心意我领了，这件事情就到此为止吧。"

　　虽然爱因斯坦说"到此为止吧"，但如果把这件事情不了了之，市政厅的威信就扫地无余了。于是，市长决定说："这次不许再失败，一定要买地产给爱因斯坦。关于土地的选择，可全由爱尔莎夫人做主。她喜欢什么地方，我们就替她买下来。"

　　在柏林郊外，坐火车大约一刻钟的路程，有一个叫卡普特的小村子。这个小村子坐落在哈贝尔湖畔，有松林围绕，只要两三分钟的路程穿过沙滩便可到达湖畔。爱尔莎选中了这个小村子，几经周折，谈妥了价钱，请好了建筑师和营造商，只等市议会通过议案，马上就可以动工兴建别墅了。

　　然而，意外的阻碍却埋伏在市议会里。当建筑这幢别墅所需要的两万马克经费的预算案被提出讨论时，纳粹党市议员反对说："德意志人的首都柏林有必要赠送这份礼物给犹太人吗?"在反动议员的反对下，预算案没有通过，决定留到下次大会再继续讨论。

　　这时，爱因斯坦再也忍耐不下去了。他立即写信给市长，谢绝了市政厅的礼物。市政厅回信说在下一次的市议会上，一定要设法使预算案通过。但爱因斯坦不再领情，市政厅也只得作罢。

　　市政厅这场赠送礼物的滑稽戏虽然收场了，但别墅的图样已经画好，连游艇都买了，卡普特别墅就像离弦的箭，再也收不回来了。于是，爱因斯坦只好拿出自己的全部积蓄，自费买地皮，自费建别墅。爱尔莎高兴地说："虽然把钱花光了，可是我们有了一笔不动产，这给人一种安全感，坏事变成了好事。"

别墅很快建成，成了爱因斯坦躲避城市喧嚣和人际应酬的避风港。在新建的别墅里，爱因斯坦苦苦思索着关于统一场的理论出路究竟在哪里。

3. 会见卓别林

每天早晨，邮差都要送来一捆用各种文字写成的信件。一整天，爱因斯坦一家人都要忙于整理这些信件。此外，还有很多礼物从世界各地寄来。

在这期间，爱因斯坦在卡普特别墅接见了来访的卓别林。卓别林生于英国，比爱因斯坦小 10 岁，和爱因斯坦一样是有名的反战急先锋。他幼年丧父，曾在游艺场和巡回剧团卖艺。1913年，随卡尔诺哑剧团去美国演出，被美国导演塞纳特看中，从此开始了电影生涯。1914 年 2 月 28 日，头戴圆顶礼帽、手持手杖、足登大皮鞋、走路像鸭子的流浪汉夏尔洛的形象首次出现在影片《阵雨之间》中。这一形象成为卓别林喜剧片的标志，风靡欧美20 余年。他奠定了现代喜剧电影的基础，不少艺人都用他的方式表演，深受观众喜爱。

1926 年，爱因斯坦在美国加利福尼亚讲学时，有人给卓别林打电话说爱因斯坦想见见他。一位创立了相对论的大科学家想见他，这使卓别林既惊讶又激动。

第一次相见使爱因斯坦和卓别林都留下了深刻的印象，彼此产生了真挚永恒的友谊。卓别林见人就说："这位大科学家看上去是个典型的阿尔卑斯山区的德国人，为人快活而友善。虽然他举止稳重，但他心里蕴藏着极为强烈的感情，这种感情就是他异乎寻常的智力的源泉。"

在那次会见中，爱因斯坦带着夫人在卓别林等人的陪同下参观了电影制片厂。接着，卓别林提出邀请："如果爱因斯坦先生愿意到我家做客，这会使我感到十分荣幸。"爱因斯坦愉快地接受了邀请。

晚宴上，他们谈起了相对论。当卓别林问起爱因斯坦的相对论是否和牛顿定律发生矛盾时，爱因斯坦连忙说："不，正相反，它是牛顿定律的补充。"

卓别林对相对论那深奥的理论感到新奇，忍不住问道："相对论是怎么在博士的头脑里产生的？您是怎么想起发明相对论的呢？"

爱尔莎看了看不知所措的爱因斯坦，然后讲述了人类科学发生转折的那天早晨的情景："博士和往常一样，穿着睡衣从楼上下来用早餐，但是那天他几乎什么东西也没吃。我以为博士不太舒服，就问他哪儿不痛快，他说：'我有一个惊人的想法。'他喝完咖啡，就走到钢琴前开始弹钢琴。他时而弹几下，时而停一会儿，在纸上记下一些什么东西。然后，他又说：'我有一个惊人的想法，一个绝妙的想法！'我说：'你究竟有什么想法呀？'他说：'这很难说，我得把它推导出来。'博士又继续弹钢琴，有时停下来用笔写些什么。大约过了半小时，博士回到楼上的书房里，并告诉我，别让人来打扰他。从此，他在楼上一待就是两个星期，每天叫人把饭菜送上去，黄昏时，他出去散一会步，然后又回到楼上去工作了。一天，博士终于从他的书房里走下来了。他面色苍白，对我说：'喏，就是这个。'说完，博士把两张纸放在桌上，那就是举世闻名的'相对论'。"

卓别林惊叹道："真是天才！"

爱因斯坦接着说："绝对没有什么天才，只是勤奋罢了。"

这次，卓别林在访问柏林期间拜访了爱因斯坦，使他深感惊异的是这位举世闻名的大科学家却住在一栋简陋的大房子里。房间铺着陈旧的地毯，家具非常简单，最贵的就是那架钢琴了。爱尔莎说："他并不富有，虽然洛克菲勒基金会为他的科学工作提供了一百万美元，但他从来没有用过。"这使卓别林对爱因斯坦更增添了敬仰之情。

4. 会见泰戈尔

到卡普特别墅来的访客中，还有印度大诗人泰戈尔。

爱因斯坦和泰戈尔都是诺贝尔奖得主，泰戈尔是第一位获得诺贝尔奖的亚洲人。他出生于富裕而有名望的家庭，并且受过好的教育。后来，他离开加尔各答，迁到上可望见喜马拉雅山，下有冈底斯河流过的孟加拉。他从小就富有想象力，因此他笔下生花，创作了许多美丽的诗歌、戏剧和小说。

泰戈尔比爱因斯坦大 18 岁，来到卡普特时已经快 70 岁了。在那次会晤中，有人描述泰戈尔是"具有思想家头脑的诗人"，而爱因斯坦是"具有诗人头脑的思想家"，两人的这次对话"就像两个来自不同星球的人在交谈"。

泰戈尔后来回忆说："他浓浓的白发，闪耀着光芒的双眼，温和的态度，以及可以如此抽象地用几何和数学法则处理问题的个性特征让我印象深刻。他身上没有任何死板的特性，也没有因为智慧而态度超然。在我看来，他珍惜人与人之间的关系，对我真的感兴趣并且能够理解。"

这位亚洲来的老诗人穿着一件闪闪发亮的绸布衣服，头发留得很长，俊逸的面孔有一半被银白色的胡子遮住了。他那一双深邃柔和的眼睛的确很像爱因斯坦。虽然一个是诗人，一个是科学家，但他们那超越世间一般人的智慧和丰富的想象力却是相同的。

不久，他们又在柏林会面，并拍了一张合影，两人都留着胡子：爱因斯坦是小胡子，而泰戈尔是长长的白胡须。拍照时两人姿势相同，都是双手相扣，神情专注。

在这次对话中，两人谈到了家庭、德国青年运动，以及机遇与先决条件的相互关系。接着，两人展开了对西方和印度传统音乐的区别的讨论。泰戈尔认为人类事务中有一个弹性因素，即在个性表达中在小范围内存有自主权。他对比了印度音乐的自主权和西方音乐的严格规定，他说："在印度，检测一个歌者的自主权是他自身的创造性的个性，他可以根据音律规定对各种音符进行排列和组合。但是，他又不得不跟随他自己的艺术意识的引导。"

爱因斯坦和泰戈尔两人都同意音乐的美是无法分析的。泰戈尔说："分析东西方音乐对我们思想的影响是如此困难。我深深地被西方音乐所打动，其结构巨大，组成宏伟，而我们自己的音乐更深地打动我是因为它的热情。欧洲音乐有史诗般的宏伟特点，具有广阔的背景和粗犷的结构。"

爱因斯坦说："对于我们经历中的所有基本事物，我们对艺术的反应，不论是欧洲还是亚洲，都一样有不确定性。即使是我们面前放在桌上的红花，对你对我都是不一样的。"

泰戈尔既不同意也不反对爱因斯坦的观点，而是试图找到东西方之间的折中点。他说："他们之间总会有协调的过程，个体的鉴赏力应遵照普遍的标准。"

后来，泰戈尔在给爱因斯坦的明信片中写道："我向明知道我不完美，却仍然热爱我的人致意。"

爱因斯坦与泰戈尔还讨论了教育问题，爱因斯坦认为学校教育问题是决定性的问题，教育家应该培养出人来，而不是培养学者。

泰戈尔一生创作的诗歌受印度古典文学、西方诗歌和孟加拉民间抒情诗歌的影响，多为不押韵、不雕琢的自由诗和散文诗；他的小说受西方小说的影响，具有创新，特别是把诗情画意融入其中，从而形成了独特的风格。

泰戈尔和爱因斯坦的共同点是他们都反对战争，泰戈尔说："你以为用战争可以获取友谊，春天就会从眼前姗姗而去。"

后来，爱因斯坦鼓励爱尔莎的女儿玛尔戈和她的丈夫（俄罗斯人）跟泰戈尔一起去俄罗斯考察，由玛尔戈的丈夫为泰戈尔当翻译。

各国政府和大学的邀请书仍不断送到爱因斯坦家来，其中大部分只好谢绝了，因为无论是在时间上或精力上都是不允许的。不过，其中一份从加利福尼亚寄来的邀请函却使爱因斯坦心动了。

美国科学界的很多精英人物都集中在加利福尼亚。在那里，爱因斯坦可以和同行一起探讨问题。另外，那里正在设法用实验证实他的统一场论。

1930 年，爱因斯坦接受美国加利福尼亚理工学院院长米里康的邀请，每年冬天去讲学，为期 3 年。

5. 避　难

1932 年冬天，爱因斯坦又要到美国讲学去了。这天，爱尔莎正在卡普特别墅收拾行李。按照合同，这是爱因斯坦去美国加利福尼亚最后一次讲学了。这天，柏林天气很冷。

走出别墅大门时，爱因斯坦回过身来。爱尔莎看他站在那里愣神，便问道："阿尔伯特，你怎么了，是忘记带什么东西了吗？"

"不，没有忘东西。你在这里度过了三个夏天，这是你的产业。临走之前，好好看看你的别墅吧。"

爱尔莎脸上现出了惊讶的神色："什么意思啊。"

爱因斯坦轻轻地说："也许再也看不到它了。"

爱尔莎笑了，拉拉爱因斯坦的手说："走吧，阿尔伯特，我才不会这么快就死掉的。"

她以为爱因斯坦在说笑话。爱因斯坦不再说话，跟在爱尔莎后面走上了大路。

爱尔莎弄错了，她对时局看得不像爱因斯坦那样清楚。爱因斯坦有种预感，而且他的这种预感后来竟应验了。他们和这幢湖畔别墅告别之后，就再也没有回来过。

1933年希特勒上台时，爱因斯坦正在美国讲学。这年3月10日，《纽约世界电讯报》记者到加州理工学院采访爱因斯坦。爱因斯坦公开发表声明，抗议希特勒的法西斯暴行："只要我还能有所选择，我就只想生活在这样的国家里。这个国家中所实行的是公民自由、宽容，以及在法律面前公民一律平等。公民自由意味着人们有用言语和文字表示其政治信念的自由；宽容意味着尊重别人的无论哪种可能有的信念。这些条件目前在德国都不存在。那些对国际谅解事业有特别重大贡献的人，在那里正受到迫害，其中就有一些是一流的艺术家。正像一个人受到压力时会得精神病一样，一个社会组织面临严重的难题时也同样会害病。不过，国家虽有困难，通常还是能继续存在下去。我希望比较健康的气氛不久会在德国得到恢复。我也希望将来像康德和歌德那样的德国伟大人物，不仅时常会被人纪念，而且也会在公共生活里，在人民的心坎里，以及通过对他们所矢忠的伟大原则的实际遵守，而永远受到尊敬。"

几天后，爱因斯坦夫妇登上一艘开往比利时的客轮。在波涛汹涌的大西洋上，爱因斯坦参加音乐义演会，为遭受迫害的德国犹太人募捐。无线电里传来不幸的消息：故乡乌尔姆的爱因斯坦大街改名了；卡普特别墅被冲锋队抄家了，为的是"搜查共产党藏在那里的武器"。爱因斯坦在船上发表了一则声明："这些人手持兵器，闯入我家里，不过是现今在德国发生的为所欲为的暴力行动中的一个例子。这是政府在一夜之间将警察的职权移交给一帮纳粹暴徒的结果……"

3月28日，客轮开进安特卫普港。市长和比利时的许多知名学者在码头上欢迎爱因斯坦夫妇，欢迎他们到比利时避难。

不久，爱因斯坦坐车到比利时首都布鲁塞尔。他把德国外交部签发的护照放在德国大使面前，正式声明放弃德国国籍。

夫妻俩到达比利时后，接到消息说，他的银行存款全部被德国政府没收，爱因斯坦一下子身无分文了。

爱因斯坦临时在比利时的海边小镇隐居，住在一个大沙丘旁的别墅里，由官方派出的两名刑警日夜保护他的安全。

爱因斯坦仍旧研究他的物理学，有时候拉拉小提琴。夫人和朋友都为爱因斯坦的安全担心，夫人常劝他说："这里离德国太近，咱们还是到英国去吧。"

爱因斯坦说："不要慌，再等等看吧。"

到了8月底，爱因斯坦也觉得的确有重大危险逼近了。因为爱因斯坦的名字已经被纳粹党列为要暗杀的黑名单的第一位了。有人传说，德国政府公布赏格："凡缴来爱因斯坦首级者，给予奖金 1000 镑，不论其首级是否附着于躯体，一律有赏。"爱因斯坦摸着自己的脖子苦笑说："我还不知道我的脑袋竟这么值钱呢。"这下，夫人和朋友都吓坏了，因为他们知道纳粹分子的恐怖。"我们早一点到英国去吧。"夫人天天催促爱因斯坦。爱因斯坦却将自己的生死置之度外，他想的不是他自己的安全，他想的是时代赋予他的使命。他想到了在过去的二十年，柏林留给他的愉快回忆，他的许多新思想是在那里萌芽生长的。可是现在，那些优秀的物理学家大都选择了沉默。面对纳粹党的淫威，他们只能保持沉默。

爱因斯坦一想到这儿，不由得叹了一口气："眼看着凶手杀人，却保持沉默，这样明哲保身，不就等于同谋吗？不，我决不做纳粹的同谋。"爱因斯坦大声呐喊，用尽全身的气力抗议和谴责纳粹的暴政。他想："人民还在沉睡，应当唤醒他们，这是时代赋予我的责任。如果需要牺牲，那就献出我的生命。"

爱因斯坦的思想变了，他由一个世界最著名的和平主义者成长为一个支持正义战争的勇士。爱因斯坦对那些还在沉睡中的和平主义者说："面对希特勒纳粹侵略集团的威胁，再也不能唱和平高调了。依当时的局势，不知道那一天，全世界将要卷入大战的漩涡。"他知道，只要法西斯主义统治德国，就不会有和平。在这生死关头，只有准备战斗，才能求生。

爱因斯坦反对纳粹发动的反动战争，他的安全面临着严重的威胁。比利时国王见爱因斯坦的处境越来越危险，就一边加紧保护措施，一边为爱因斯坦寻找更安全的避难所。

6. 告别欧洲

在比利时继续待下去太危险，在爱尔莎和朋友的劝说下，爱因斯坦决定再次远渡重洋到美国去。因为美国总统罗斯福正在实行新政，这给爱因斯坦带来了新的希望，他决心按照合同到美国普林斯顿高级研究所去工作。

1933 年 9 月初，比利时警察宣称爱因斯坦乘私人游艇去南美了。之所以发布这样的消息是为了迷惑纳粹间谍，实际上爱因斯坦是去英国了。

到英国后，坐上火车，爱因斯坦像小孩子一样嚷道："哈，英国的火车跑得真快呀。"

爱因斯坦向新闻记者说："纳粹党步步紧逼，我太太紧张得快变成神经质了，真是伤透了脑筋。这下可以放心了。我是一个宿命论者，说不定哪一天早晨起来，刚做完一件事，忽然砰的飞来一颗子弹，那不就全完了吗？可是，假如命运注定如此，那也没有办法呀。"

夫人苦笑着解释说："他就是这样一个人，永远是个大孩子，一点儿也感觉不到自己处境危险。"

1933 年 9 月 9 日，爱因斯坦夫妇趁黑夜到了伦敦南普逊公馆，刑警始终守在他的身边，公馆内外还埋伏了许多刑警。

爱因斯坦在英国逗留了一个月，越来越不想离开了。在此期间，他拜会了英国重要的政治家丘吉尔、张伯伦和乔治。爱因斯坦在与他们交谈时，极力使他们相信希特勒给人类造成的威胁。丘吉尔与爱因斯坦的观点相近，爱因斯坦说他是一位有智慧的杰出人物。张伯伦在任外长期间虽然干了一些蠢事，但在 1933 年以后，他积极支持丘吉尔的防务计划和外交政策。乔治曾在第二次世界大战前谴责英国政府的"绥靖"政策，是一位反战斗士。爱因斯坦高兴地说："情况在我看来十分清楚，这些人提前做好了准备，并决定立即行动起来。"

在英国期间，爱因斯坦就世界政治形势作过多次报告，内容都是希望公众认清德国纳粹的本质，导召公众起来制止战争。

在英国，爱因斯坦成了重点保护人物，他的行踪受到严密的控制。但是，他却总想四处走动，因为他要向老朋友问好。在去美国之前，他要向他们告别。

有一天，爱尔莎一大早发现爱因斯坦不见了，她立即叫醒南普逊公爵，请他一定把爱因斯坦找回来。南普逊公爵问清事情的原委后，直奔居里夫人的住所。这时，居里夫人正在英国养病。南普逊推开房门，看到的是一幅凄美的情景：居里夫人躺在床上，生命正在消逝中；爱因斯坦坐在床边，一脸悲怆，欲言又止。他在为将要失去这位志同道合的老朋友伤心不已，但又不知说什么好。爱因斯坦从居里夫人的住所告辞出来后，很长时间不见笑容。

10月7日，爱因斯坦登上了"西部号"客轮。这次，他是在许多警卫人员的保护下，趁着黑夜坐小艇再转搭"西部号"客轮的。和他同行的除了爱尔莎之外，还有他的助手迈耶尔博士和秘书杜卡斯。

轮船向西驶去，欧洲的海岸线渐渐远去，消失在朦胧的雾气中。几只银灰色的海鸥在船尾飞翔，像是在送行。

爱因斯坦站在甲板上，手里拿看纸片，抽出钢笔来做计算，推导他的新课题——统一场论。这时，他又想到了在欧洲的一切，想到了居里夫人。爱因斯坦的心还在欧洲，但他不得不告别欧洲，前往美洲。

六 在美国的岁月

1. 高级研究所

1933 年 12 月 17 日，爱因斯坦一行到达纽约时，市长特地在码头举行隆重的欢迎仪式。

竞选即将到来，市长需要犹太人的选票，因此不敢怠慢这位世界著名的犹太人。

欢迎仪式结束后，普林斯顿高级研究所派来的代表将爱因斯坦一行迎到了普林斯顿。

从华盛顿到它东北方的波士顿的连线中点附近有一个城市叫纽瓦克，普林斯顿就在纽瓦克的近郊。它像是一个幽静的小村庄，仍然保留着美国独立战争前的风格。四周是平缓起伏的林地，小溪缓缓地流着。

当时，古老的欧洲在法西斯主义的阴影中黯然失色，罗斯福的新政给美国带来了希望，美国成了欧洲反法西斯阵线的大后方。到美国定居，对爱因斯坦来说是唯一正确的选择了。

普林斯顿的人口只有几千人，是美国东部的大学城。这里民风淳朴，林荫道两旁星星点点散布着一些二层楼和小平房。红屋顶，白围墙，掩映在一片树林中。每一座房子都像是绿色海洋中的一个孤岛，这里闻不到金圆帝国的铜臭，也听不见工业巨人的叫嚣。这里就像莱顿小城那样古雅幽静，具有古欧洲的情趣。

18 世纪初，美国承认思维力量，承认自然规律，承认以社会进步为中心思想的启蒙运动。这样，导致大量俱乐部、学校和报纸如雨后春笋般产生了。普林斯顿大学就是由此而产生的高等学校之一。

1933 年底，爱因斯坦来到普林斯顿高级研究所。一年多后，他成了美国的永久居民。

普林斯顿居民欢迎爱因斯坦，视爱因斯坦为朋友，将他视为他们中的一员；同时，又把他视为百年一遇的传奇人物，一位小城中的伟人。

1939 年，普林斯顿高级研究所的富尔德楼落成，爱因斯坦搬进了新楼，有了自己的办公室。

新楼是一座具有新哥特风格的砖砌大楼，坐落在英式草坪的中央。新楼周围树木环绕，还有一个池塘闪着碧绿的波光，供人欣赏和游憩。

研究所的教授和大学的教授们关系融洽，仿佛一家人。不同学派的学者在一起进行科学研究，一起编写学刊，相互出席对方的讲座和研讨会，还一起享用午茶。

高级研究所的声誉使大学可以更方便地招募到出色的学生和教师，大学里那个相当活跃的数学系像磁石一样吸引着到高级研究所临时访问或永久任教的学者。

普休斯敦高级研究所能迅速崛起，除了有人大量投资以外，很重要的一点是创办者的自由、开放的宗旨。这宗旨明文规定：我们的基本观念及希望是每一位成员、教授、工人或学生，将没有任何种族、宗教及性别上的特殊要求。我们始终认为在美国最高贵的精神特征上，除了建立研究所时订下的规则外，对于高等知识的追求，不容许有任何人为的限制，尤其是种族或性别上的歧视。

而与此相反，哈佛大学则由于在一段时间内歧视犹太人，到40年代，这所一度被视美国数学宝地的大学已经黯然失色。他们不仅没有利用逃离纳粹的犹太学者来扩大和提高哈佛，而且竟忽视了犹太人出身的数学神童维纳。结果，维纳好不容易才在坎布里奇的麻省理工学院找到栖身之地，而当时麻省理工学院只是一个工程学院。后来，哈佛的一些最出色的年轻学者如莫尔斯、斯通和惠特尼也走了，其中莫尔斯和惠特尼转到了普林斯顿高级研究所。爱因斯坦愤愤不平地说："伯克霍夫是世界上最有名的反犹太人学者之一。"

小城普林斯顿因爱因斯坦的入住而增光，小城的居民也以与爱因斯坦生活在一个小城里而感到自豪。

爱因斯坦住在离高级研究所不远的一幢二层楼里，没日没夜地研究他的统一场论。在爱因斯坦的工作室，四面墙壁几乎全被书架占满了。同房门对着一个临花园的大窗户。窗户左面的墙上挂着甘地的肖像；右面墙上有一扇通向阳台的门和一扇通向爱因斯坦卧室的门，在这面墙上挂着法拉第和麦克斯韦的肖像。

窗前是一张长方形的大桌子，旁边是放烟斗的小茶几，上面还放着一支澳大利亚飞去来器，靠近门口放着圆桌和沙发。爱因斯坦坐在沙发上，把纸放在膝盖上写东西，有时把写完的纸扔得满地都是。

在普林斯顿，爱因斯坦继续他的统一场论的研究。广义相对论建成后，爱因斯坦依然感到不满足，要把广义相对论再加以推广，使它不仅包括引力场，也包括电磁场，就是说要寻求一种统一场的理论。他认为这是相对论发展的第三个阶段，它不仅要把引力场和电磁场统一起来，而且要把相对论和量子论统一起来，为量子物理学提供合理的理论基础。他希望在试图建立的统一场论中能够得到没有奇点的解，可用来表示粒子，也就是用场的概念来解释物质结构和量子现象。最初的统一场论是数学家 H. 韦耳于 1918 年把通常的四维黎曼几何加以推广而得到的。对此，爱因斯坦表示赞赏，但指出这一理论所给出的线素不是不变量，而同它过去的历史有关，这同一切氢原子都有同样光谱的事实相抵触。接着，数学家 T. F. E. 卡鲁查于 1919 年试图用五维流形来达到统一场论，受到了爱因斯坦的高度赞扬。1922 年，爱因斯坦完成的第一篇统一场论的论文就是关于卡鲁查理论的。1925 年以后，爱因斯坦全力以赴地去探索统一场论。开始的几年，他非常乐观，觉得胜利在望；后来发现困难重重，感觉到现有的数学工具不够用。1928 年以后，他转入纯数学的探索。他尝试着用各种方法，有时用五维表示，有时用四维表示，但都没有取得具有真正物理意义的结果。

从 1925 年至 1955 年这 30 年中，除了关于量子力学的完备性问题、引力波，以及广义相对论的运动问题以外，爱因斯坦几乎把他全部的科学创造精力都用于统一场论的探索了。

1937 年，与两个助手合作，爱因斯坦从广义相对论的引力场方程推导出运动方程，进一步揭示了空间、时间、物质、运动之间的统一性，这是广义相对论的重大发展，也是爱因斯坦在科学创造活动中所取得的最后一个重大成果。可是，在统一场论方面，他始终没有成功。他碰到过无数次失败，但从不气馁，每次都满怀信心地从头开始。

由于爱因斯坦远离了当时物理学研究的主流，独自进攻当时没有条件解决的难题，再加上他在量子力学的解释问题上同当时占主导地位的哥本哈根学派针锋相对，因此，他晚年在物理学界非常孤立。可是他依然无所畏惧，毫不动摇地沿着自己所认定的道路去探索真理，直到临终前一天，他还在病床上继续他的统一场论的数学计算。他在1948年曾意识到："我完成不了这项工作了；它将被遗忘，但是将来会被重新发现。"

随着科技的发展，后来一系列实验有力地支持了这一理论，统一场论的思想以新的形式显示它的生命力，为物理学未来的发展提供了一个大有希望的前景。

2. 社会活动家

除了科学研究外，在世界和平、社会民主遭到严重威胁的情况下，爱因斯坦从不躲在普林斯顿的象牙塔中。他总是大声疾呼，提醒世界各国政府和人民要高度警惕纳粹正在扩军，战争又一次在威胁着全世界爱好和平的人民。

由于爱因斯坦强烈的社会责任感，他和弗莱克斯纳发生了一次严重的冲突。弗莱克斯纳是美国著名教育家，他认为研究所为特聘教授们提供了最高的报酬，教授们已经没有任何后顾之忧了。因此，他们应该一心一意地思考科学问题，而不应参与外界的任何活动。

在创办研究所时，办所宗旨中有这样的话："希望研究所的成员们，全是他自己领域中最杰出的人士。他们申请进入研究所，乃是为追寻更高等的研究。此地与外界的隔绝，可以使他们免于外界的打扰。"

弗莱克斯纳认为科学家应该在这座象牙塔里一心一意地思考科学问题，而不受外界打扰。因此，爱因斯坦一到普林斯顿，弗莱克斯纳就叮嘱他："您在美国的安全，取决于您的沉默和不在公众场合露面。"

弗莱克斯纳认为他有责任让爱因斯坦与外界隔绝，因此，他私自替爱因斯坦拒绝了各种邀请，其中包括罗斯福总统的邀请。这下可惹恼了爱因斯坦。他虽然需要宁静的生活，但他不允许自己与世隔绝，因为他认为自己肩负不可推卸的社会责任。一天，爱因斯坦的一位朋友写信给他说："罗斯福总统曾邀请您到白宫做客。"爱因斯坦读信后，吃了一惊，他没有收到罗斯福总统的邀请啊，原来，弗莱克斯纳私自打开罗斯福的邀请信，在没有与爱因斯坦商量的情形下就通知总统，说爱因斯坦到普林斯顿是为了从事科学研究，因此绝不能使他引起公众的注意。

爱因斯坦知道这件事后，非常气愤，立即写信给罗斯福总统，说他非常愿意拜见总统阁下；并同时写信给他的朋友，述说了他的不满，信的落款是"普林斯顿集中营"。这还不能让爱因斯坦平静下来，他又写了一封信给研究所的董事会，信中提到了弗莱克斯纳的武断粗暴。同时，他要求董事会保证他的尊严和自由不受任何侵犯。如果保证不了这一点，他将考虑与研究所断绝关系。从这以后弗莱克斯纳再也不敢干涉爱因斯坦的自由了。

1934 年 1 月 24 日晚上，爱因斯坦夫妇在白宫与罗斯福总统共进晚餐。夜里，他们在富兰克林当年住过的房间就寝。

自从希特勒上台，战争阴影又一次威胁欧洲时，很多人并没有及时发觉或警惕这一点，但爱因斯坦却在 1935 年前后就预见到了。

爱因斯坦一贯反对战争，认为战争是人类最大的灾难，凡事应该和平解决。为此，他曾号召青年拒服兵役。现在，他不再提倡反对战争，不再鼓吹拒服兵役了。这种改变对于不明实情的人似乎有点不能理解，而那些"和平主义者"更是向他提出了尖锐的批评。

爱因斯坦发表在 1935 年 1 月号的杂志《政府》上的文章对这种改变的原因作了详细的阐述。他认为德国、意大利等一些国家实行了恐怖的独裁统治，公民没有民主的权利，在这种独裁政府的统治下，青年拒服兵役就会被处死；对于民主国家来说，拒服兵役就会削弱文明世界抵制侵略的力量。

爱因斯坦的结论是：在今天，有识之士不应该支持拒绝服兵役的行为，至少在处于危险之中的欧洲不应该这样。不同时期需要不同的方法，最终的目标依然是和平。

1936 年 10 月 15 日，在庆祝美国高等教育 300 周年纪念日时，爱因斯坦接受了纽约州立大学授予他的荣誉学位，并做了讲话："我认为对于学校来说，最坏的事是靠恫吓、暴力和人为的权威等办法来进行工作。这种做法摧残学生的健康、感情和自信，制造出来的是顺从的人。这样的学校在德国和俄国成为惯例，那是没有什么奇怪的。我知道在美国这个国家里，学校中不存在这种最坏的情形；在瑞士，以及差不多在一切民主管理的国家里也是如此。要使学校不受这种一切祸害中最坏的祸害的侵袭，那是比较容易的：教师使用的强制手段要尽可能地少，学生对教师的尊敬的唯一源泉在于教师的德和才。"

不久，希特勒发动的侵略战争终于爆发了。1939 年，爱因斯坦给他从前写的《我所看到的世界》一文补写了这样一段话：

"在这20年间，我对人类文明社会的信心，甚至他的生存能力的信心已大大消失了。人们看到，不仅人类文化遗产受到威胁，而且人们想要不惜代价保护的一切东西，其价值也被贬得太低了。"

接着，爱因斯坦将矛头指向德国："在欧洲，直到莱茵河以东，智力的自由运用实际上已不复存在，居民受到攫取权力的匪徒的恐怖统治，青年受到有组织的诺言的毒害。政治冒险家的虚假成功愚弄了世界其余地区，到处都显而易见。这一代人缺乏气魄和力量，而正是气魄和力量使前几代人通过艰苦斗争和巨大牺牲才赢得人的政治自由和个人自由。"

爱因斯坦移居普林斯顿后，由于世界局势极其险恶，他把相当大的一部分时间和精力投入到社会活动之中，呼吁各国政府和人民要高度警惕纳粹反动势力，指出如果各国不采取正确的态度和积极的行动，必然会使全世界陷入可怕的灾难之中。

在美国，爱因斯坦的形象让人感到他是一位社会活动家。1938年4月，美国《时代》周刊将爱因斯坦作为封面人物，并且对他作了简单的介绍，其中有这样一段话："今天的阿尔伯特·爱因斯坦已经不是1930年来美国访问的那个胆怯的手足无措的人了。他对时常受到公众款待已经相当镇静，不再像从前那样害怕了。他已经学会不和他不喜欢也不信任的任何人交往。他的电话号码没有列在电话本上，电话公司也不告诉别人。他过着他所喜欢的那种生活，而且美国也很适合他。"

既然成了著名的社会活动家，就不可避免会得罪一些人，为一些人所不容，遭到一些人的反对。1938年，爱因斯坦和普林斯顿大学的一些教授发表了一份呼吁书。结果，美国一家报纸刊登了一位反对者的意见。这位反对者是反犹先锋，他在《把爱因斯坦送回去》一文中写道："普林斯顿大学的一群教授呼吁合众国政府解除对西班牙的武器禁运，第一个签名的人是爱因斯坦教授。他是最近从迫害犹太人的德国逃到这里来的。当自己有危险时，爱因斯坦教授选择在这片土地上避难，现在他致力于告诉我们的政府应该怎样办它的事情了。这已经足够冒失和傲慢了，而尤有甚者，是他正在支持在西班牙继续枪杀和迫害基督徒。爱因斯坦是一个典型，他似乎觉得对他这个善心的人来说，世界和世界上的一切都只是供他践踏的；至于迫害，唯一值得援助的显然只是那些犹太人。而事实上，有资格受到迫害的只是犹太人。"对此，爱因斯坦不屑一顾。

1936 年，爱因斯坦开始发设"爱因斯坦奖"。这个奖是由"爱因斯坦基金会"设立的，奖给在和平、文学和人道主义领域做出贡献的人。1939 年 1 月，托马斯·曼获得了"爱因斯坦奖"，由爱因斯坦亲自授奖，并在授奖仪式上发了言。他说："领导者们在捍卫他无价的遗产方面已经变得软弱了，黑暗力量也就因而得到了加强。态度的软弱变成了性格的软弱；它变得缺乏用与危险成正比例的勇气来行动的力量。所有这一切必然导致我们智力生活的毁灭，除非危险会唤起一些坚强的人格力量，能够用新的力量和决心来克服这种冷漠与怯懦。"

爱因斯坦一到普林斯顿，就参加了救济犹太同胞的工作。他经常参加犹太民族运动及其他犹太人团体的各种集会，并发表演讲，也常替各种刊物撰写论文。只要爱因斯坦这个名字有作用，他都乐于提供。同情心总是使爱因斯坦毫不吝啬地放下手中的研究工作，尽快帮助犹太同胞解决困难。

爱因斯坦为了救济留在德国的学术界朋友，曾亲自上台演奏小提琴。

爱因斯坦还为要去巴勒斯坦的犹太人募捐，爱尔莎也组织巴勒斯坦妇女联盟协助爱因斯坦的慈善工作，并做了很大的贡献。

爱因斯坦在普林斯顿小城默默地进行支持犹太民族运动的工作。这位伟大物理学家向往和平安定的生活，希望所有的犹太人能有一个真正属于自己的家园，过上和平幸福的日子。

3. 爱因斯坦的上帝

在 1933 年至 1939 年的几年里，爱因斯坦在普林斯顿安静的环境里得以安心地从事科学思考。这期间，他在科学思考上主要集中在三个方面：

第一个方面，他进一步研究 1905 年创建的狭义相对论和 1912 年至 1916 年间创建的广义相对论，使它们进一步成为逻辑上更密切相关的一个整体结构。在这方面，他取得了很大的进展。

当年，爱因斯坦曾经使得引力场几何化。曲率决定于空间物质的存在和分布，即由物质的分布可以算出曲率。知道了曲率就可以预言物体在场中如何运动。由此可知，物质的运功只不过是空间力场的一种变化而已。这种变化的规律就是"场方程"。

到了普林斯顿，爱因斯坦从逆向思考得到了一个重要的进展：只要得知场方程，就可以导出运动方程式，由此进一步肯定了物质只不过是引力场在某一点的集聚而已。

这期间，一个很有天分的波兰年轻物理学家来到爱因斯坦身边，他叫英费尔德。爱因斯坦非常喜欢与英费尔德讨论物理学中的各种问题。在 1938 年的一篇文章《引力方程和运动问题》中，他们共同提出了"场与物质"的证明。

第二个方面，爱因斯坦在这期间思考的问题是对量子力学的批判。爱因斯坦认为以玻尔为首的哥本哈根学派建立的量子理论只不过描述了"场"与量度仪器之间的相互作用，并没有描述"场"的本身。玻尔则相反，他认为量子力学描述的是"场"与"场"、"场"与观测仪器之间的相互作用，而不是描述"场"的各种性质。

第三个方面，爱因斯坦正在思考和研究"统一场论"。爱因斯坦一直坚持认为可以找到一个"统一场"，并可用这个"统一场"派生出的理论解决量子理论的种种问题。

爱因斯坦在安静的普林斯顿继续着他的研究工作，他一直在为统一场论苦苦地思索着，英费尔德的出现使他的研究工作比以前进展得更快了。

英费尔德成了爱因斯坦的得力助手与亲密朋友，与爱因斯坦共同研究如何从场方程中推导出运动方程，这是一个极为复杂而又艰巨的数学课题。

不久，英费尔德发觉和爱因斯坦共同研究是一件多么艰难的工作，因为爱因斯坦具有卓越的创见。英费尔德对爱因斯坦说："假如以'教师的想法永远是对的'这个观念为前提来从事共同研究，那我的工作便只有呆板的计算事务了。这样一来，我就不能享受科学研究的乐趣了。我要对老师的想法加以怀疑。起初，您也许会觉得讨厌，但如果不这样，我们的合作势将变成毫无意义的了。"

爱因斯坦微笑着回答说："我倒很希望你这么做。"于是，对于英费尔德所提出的，不管多么细微的疑问，爱因斯坦都很亲切地加以说明。不过，想要抢在爱因斯坦之前提供新颖的概念并不容易。

英费尔德尽量从与爱因斯坦不同的角度去考虑，偶尔想到一些新的概念，便高兴地跑到爱因斯坦那里去报告。虽然他知道爱因斯坦早已获得了同样的结论，为了百尺竿头更进一步，英费尔德也不得不努力用功，何况爱因斯坦本人也是非常勤勉的。

有一次，英费尔德和爱因斯坦一起工作了一整天。临走的时候，英费尔德问爱因斯坦："明天是星期天，我来不来？咱们还干不干？"爱因斯坦反问道："为什么不干呢？"英费尔德说："我想，可能星期天您要休息一下。"爱因斯坦用手托住下巴，想了一下，忽然爆发出一阵爽朗的笑声："星期天上帝也不休息的。"

按照《圣经》上的说法，上帝开天辟地，创造万物，一共用了六天的时间。上帝对于自己的创造很满意，第七天就休息了。据说，人们工作六天之后，星期天要休息，就是跟上帝学的。但是，爱因斯坦的上帝是大自然，大自然在星期天当然是不休息的。日月星辰在星期天照常运行，分子和原子在星期天照常运动。爱因斯坦能够坚持走自己的路，几十年如一日，从未动摇过，是因为他在追随自己的上帝，按照它的规律在运行。

在美国，爱因斯坦一面适应新环境，一面拼命研究他的统一场理论，尝试说明磁力与重力是单一基本现象的不同表现。这是他后半生主要的研究范畴。至今，当代物理学与天文学仍受这一理论的启发。

4. 爱因斯坦的宗教观

爱因斯坦不相信宗教里的上帝，但他对宗教却有自己的看法。爱因斯坦认为尽管宗教和科学这两个领域本身是界限分明的，可是两者之间还是存在一定的联系。虽然宗教可以决定目标，但它还是从科学那里学到了用什么样的手段可以达到它自己所建立起来的目标。

爱因斯坦认为科学只能由那些全心全意追求真理和向往理解事物的人来创造。但是，这种感情的源泉却来自宗教。同样属于这个源泉的是这样一种信仰：相信那些对于现存世界有效的规律能够合乎理性。爱因斯坦曾说："我不能设想一位真正科学家会没有这样深挚的信仰。科学没有宗教就像瘸子，宗教没有科学就是瞎子。"

任何认定宗教在人类生活中占有重要地位的科学家，都会赞成这种说法。但是，有一些科学家却误解了爱因斯坦的原意，指责他把宗教与科学相提并论。爱因斯坦认为宗教领域同科学领域之间的冲突的主要来源在于人格化了的上帝这个概念。在一次大会上，爱因斯坦说："固然，主张一个能干涉自然界事件的人格化的上帝的这种教义，决不会被科学真正驳倒，因为这种教义总是能够躲进科学尚未插足的一些领域里去的。但我确信，宗教代表人物的这种行为不仅是不足取的，而且也是可悲的。因为一种不能在光天化日之下而只能在黑暗中站得住脚的教义，由于它对人类进步有着数不清的害处，必然会失去它对人类的影响。我期望真正的宗教被科学知识提高境界，这样，宗教的意义就更加深远了。"当爱因斯坦讲到这儿时，立即有人当场高呼表示抗议："爱因斯坦企图剥夺我们人格化的上帝，这是人类最宝贵的东西。"后来，爱因斯坦收到不少抗议信，抗议一个外国"难民"竟然敢来干预美国公民对于上帝的信仰，还有人控诉他剥夺了人类的信心。

其实，爱因斯坦的上述观点与当时美国自由派新教徒所持的观点十分相似。例如，密立根就说过："宗教不能批评，但它也无法指导科学，因为它们处理的是人类生命中两种完全不同的现象。"

密立根还说："科学的目的，是毫无偏见地发展事物的知识及自然的定律；另一方面，宗教更重要的功能则是发展人类的良知、理想及欲望。以实践宣讲现代科学，是当今世界上最坚决和最有效的'布道'，极其类似于耶稣的'布道'。布道的核心是服务，个人利益服从整体利益。耶稣以布道为己任，为的是拯救世界；科学以宣讲知识为己任，为的是世界进步。"

爱因斯坦受到的攻击纯属误解，根本没有任何让人信服的道理。爱因斯坦认为宗教有宗教的上帝，科学有科学的上帝，这是公平的，没有什么不对。

在普林斯顿时，英费尔德是爱因斯坦的助手，在他的回忆录中，提到一个非常重要的问题，即爱因斯坦的诚恳与理智的关系。他认为这两者在爱因斯坦身上是和谐共处的。"很难找到一个学者，其思想能在这样的程度上充满情感，能具有这样明朗的表达激情的声调，能在这样的程度上以'为超个人的东西服务'的激情中，从对大自然的美的陶醉中汲取养料。同样，也很难找到一个人，他对人们的诚恳态度、对人们的爱、对人们的责任心，能在这样的程度上出自他的思想。"

英费尔德对爱因斯坦的这一特点作了非常准确的说明：

在物理学方面，我向爱因斯坦学到了许多东西。但最珍贵的，却是在物理学以外学到的东西。爱因斯坦是世界上最好的人。其实，看来这个定义也不那么简单，而且需要作些必要的解释。

同情——一般说来这是人的善良的源泉。对别人的同情，对贫困、对人的不幸的同情——这就是善意的源泉，它通过同情的共鸣器起作用。当我们看到别人在斗争和痛苦的时候，对生活和对人们的眷恋便通过我们对外部世界的联系在我们的感情中激起反应。

但是，善意还有完全不同的根源。这就是建立在独立清醒思考基础上的天职感。善意的、清醒的思想把人引向善，引向忠实，因为这些品质使生活变得更单纯，更充实，更完美，因为我用这种方法在消除我们的灾难，减少同我们生活环境之间的摩擦，并在增加人类幸福的同时，保持自己内心的平静。在社会事务中应有的立场、援助、友谊、善意，可以来自上述两个源泉，如果我们采用解剖学的话说，可以来自心灵或头脑。我一年一年地学得愈来愈珍视第二类善意——它来自清醒的思维。我曾多次看到不是由清醒的理智支持的感情是多么有害。

许多了解爱因斯坦的人问自己，在这个人身上什么东西更伟大：是洞察宇宙构造的智慧，还是对人类的灾难和对社会的不公正的表现的共鸣之心？这个印象在与爱因斯坦一起在普林斯顿生活过的人的回忆录中表现得很清楚。

5. 原子弹之父

中子被发现以后，科学家开始用它轰击各种元素，用以研究核反应。在这些科学家中，尤以意大利皇家科学院院士费米为首的一批青年干得最起劲。费米按照门捷列夫元素周期表的顺序，用中子从头到尾地轰击已知的各种元素。

1934年，元素周期表上最后一个元素是92号元素铀。当费米等人用中子轰击铀元素时，发现铀被激活，并产生了好多种元素。他们认为在这些铀的衰变产物中，有一种是原子序数为93的新元素。这是中子打进铀原子核后，使铀的原子量增加而转变成的新元素。

费米等人关于93号新元素的实验报告发表后，轰动一时，世界各国立即进行了报道。93号元素在各国科学界引起一场激烈的争论，有不少人予以肯定，也有不少人持怀疑态度。这场争论迟迟没有定论，其原因是当时缺乏一种有效的手段对铀元素受到中子轰击后的产生物进行精确的分析。

1934年10月，费米研究小组未解决这个谜团，却意外取得了另一项重大发现：中子在到达被辐射物质之前，和含氢物质中的氢原子核碰撞，速度大大降低。这种降低了速度的"慢中子"更容易引起被辐射物质的核反应。正如速度太快的篮球容易从篮筐中弹出，速度慢的容易进篮一样。消息传出后，使用慢中子轰击原子核这一方法很快被各国科学家所采用。

1938年11月10日，也就是"93号元素"发现4年多之后，费米接到来自瑞典首都斯德哥尔摩的电话，瑞典科学院宣布费米获得诺贝尔物理学奖。其获奖原因写在奖状上："奖金授予罗马大学恩利克·费米教授，以表彰他认证了由中子轰击所产生的新的放射性元素，以及他在这一研究中发现由慢中子引起的反应。"

费米带着全家去斯德哥尔摩领奖后，没有返回意大利，而是坐上了去美国的轮船。

费米到美国后，哥伦比亚大学主动为他提供职位，并为自己的师资队伍中增添了一位世界上最伟大的科学家而感到自豪。

就在这一年，德国威廉皇家化学研究所的两位化学家哈恩和斯特拉斯曼，与女物理学家梅特涅合作，试验用慢中子轰击铀元素，而且用化学方法分离和检验核反应的产物，获得了令人难以置信的结果：铀核在中子的轰击下，分裂成大致相等的两半，它们不是93号新元素，而是56号元素钡。原子核的这种变化现象过去从未发现过。

铀核在分裂后，两个小部分因相互间的斥力而作高速反方向运动，其速度高达1/30的光速，约107米/秒。这需要巨大的能量，而这巨大的能量是从哪里来的呢？梅特涅是位资深的核物理专家，她很快算出两个新的小核质量之和比铀原子核的质量要少3/5个质子的质量。根据爱因斯坦的质能公式，当质量消失时，能量就出现了，用$E=mc$这个公式可以算出产生了多大的能量。梅特涅算出3/5个质子质量的消失正好有200MeV能量产生。物理学家把这种核反应取名为"核裂变"。

在核裂变理论的基础上，费米很快提出一种假说：当铀核裂变时，会放射出中子。这些中子又会击中其他铀核，于是就会发生一连串的反应，直到全部原子被分裂。这就是著名的链式反应理论。根据这一理论，当裂变一直进行下去时，巨大的能量就将爆发。如果制成炸弹，其爆炸力是TNT炸药的2000万倍。

1939年1月底，费米和物理学家奥本海默开始模糊地猜想到由链式反应而产生的原子弹了。

物理学家西拉德是爱因斯坦的朋友，他想："德国的科学家虽然外流了不少，但其实力仍然不可低估。如果他们一鼓作气，抢先制出原子弹，到那时，法西斯恶魔希特勒不仅会奴役全欧，连远隔重洋的美洲恐怕也不能幸免了。"不久，他听说德国科学家开始了铀研究，德国政府正在关注铀资源。西拉德再也坐不住了，他觉得自己必须义不容辞地行动起来。

西拉德觉得他一个人不能拯救这个世界，需要有人理解、支持和帮助他。这时，他的朋友特勒正在哥伦比亚大学教物理，而另一个朋友维格纳也在不远处的普林斯顿工作。他们和西拉德一样，都是从匈牙利逃到美国的犹太籍物理学家。西拉德找到这两个朋友，谈他最担心的事情："德国科学家已经开始了铀研究，德国政府正在关注铀资源。如果将核裂变运用于军事，制造出一种威力无比的新型炸弹，又如果这种炸弹被德国希特勒抢先制造出来的话，那就太可怕了。"

他们三个人商量了好几天，也没商量出什么好办法。最后，他们决定去找爱因斯坦，向他讨教。

自从移居普林斯顿后，爱因斯坦一直专心致志地研究统一场论，忙得不可开交。听了西拉德所说的事，他表示非常乐意去做这件事。他说："我从来没有想过我们这一代人会看到原子能被释放出来，我一直认为那只是理论上的事情。"西拉德激动地说："教授先生，现在不只是理论上可能，实现铀的链式反应已经不是遥远的事情了。据说，柏林威廉化学研究所和物理研究所里的人正在制造一种新型炸弹……"

爱因斯坦打断了他的话："你是说，万一希特勒手里有了那种炸弹，怎么办？""是的，我们就是担心这件事。"

爱因斯坦说："是的，如果希特勒手里真的有了这种新型的原子弹，而美国没有，英国、法国也没有，那世界不就毁了吗？无论如何应该由美国抢先一步来完成新型炸弹的研制。可是，这样庞大的事业，绝不是个人的力量所能办到的。除非把全美国的智能、财富及工业力量都动员起来。"

西拉德望着爱因斯坦，建议说："不过，这件事情绝不能随便说出来，因为它对社会的影响太大了。必须由一位德高望重，懂得原子科学，而且有实践能力的人出面倡议才行。"说完，三位博士把目光都集中到爱因斯坦身上。

爱因斯坦谦虚地说：“我……不，我的声音太微弱了。”

“不，爱因斯坦教授，你的声音是最洪亮的，”西拉德说，“全世界都会倾听您的声音。费米教授已经向美国海军部报告了这个问题，但没人理他。可您就不一样了，美国政府会听您的意见。”

爱因斯坦曾经预言原子能的可怕破坏力，而且，他的一言一行比其他任何科学家都有政治上的号召力。为了反对法西斯，爱因斯坦亲自给美国总统罗斯福写了一封信，信的开头写道：“当我通过未发表的文件看到费米和西拉德最近的工作报告后，我相信铀在不久的将来可能会成为一种新的重要能源。这一新情况的某些方面值得政府加以注意，甚至在必要时迅速采取行动。……现在有可能在大量的铀当中实现链式反应，它会产生巨大的能量以及大量的放射性元素。……这一新的发现，可以用以制造威力极强的新型炸弹。”

信上还特别提到，德国已经采取了某些先发制人的行动，美国政府切不可对此无动于衷。在信的末尾，爱因斯坦说：“希望罗斯福总统能够认识到制造新型炸弹的重要性，因为它关系到美国以及全世界的存亡，并希望罗斯福能够采取实际行动，组织专门研究原子核问题的科学家致力于原子能的实际运用。”

在爱因斯坦等著名反法西斯科学家的一再呼吁下，罗斯福总统签署了制造原子弹的命令。1941 年 12 月 6 日，秘密的“曼哈顿工程”在美国正式启动。

生产原子弹的任务称为“曼哈顿工程”，可见美国对原子弹的重视。曼哈顿工程雇佣的人员超过 13 万，花费了将近 20 亿美元。超过九成的花销用于建造工厂和制造核裂变的原材料，剩余部分用于制造和发展武器。曼哈顿工程的开展涉及 30 个城市，其中一些工程设在英国和加拿大。

1942 年 12 月 2 日，在费米的指导下，世界上第一个实验性原子反应堆在芝加哥建成，成功实现了可控的链式反应。

1943 年春，奥本海默领导科研人员开始了制造原子弹的工作。

1944 年，美国橡树岭工厂生产出第一批浓缩铀原材料。

1945 年 7 月 12 日，第一颗实验性原子弹开始最后的装配。

1945 年 7 月 16 日，美国的第一颗原子弹在新墨西哥州的沙漠中试爆成功，爆炸当量大约为 21000 吨 TNT 炸弹。

1945 年 8 月 6 日，美国向日本广岛投放一颗名为"小男孩"的原子弹。

同年 8 月 9 日，美国又向日本长崎投放一颗名为"胖子"的原子弹。

同年 8 月 15 日，日本慑于原子弹的威力，宣告无条件投降，第二次世界大战结束了。

6. 反对使用原子弹

1945 年夏天，爱因斯坦在纽约州萨兰那克湖畔的一座别墅里度假。8 月 6 日下午，爱因斯坦下楼吃茶点时，秘书杜卡斯告诉他说："今天早晨，美国一架 B29 轰炸机在日本广岛投下了原子弹。这是无线电里刚刚广播的。"

爱因斯坦一听这话，大吃一惊，几乎跌倒。杜卡斯走上前，扶他在沙发上坐下。

两天之后，日本长崎又遭到美国第二颗原子弹的轰炸。

轰隆两声巨响，天空中出现了两个大火球。这两个火球比一千个太阳还热，比一千个太阳还亮。这就是原子弹。爱因斯坦本想让它给人间带来温暖和光明，它却给人间带来了灾难，这是爱因斯坦始料未及的。

当初，人们称爱因斯坦为"原子弹之父"，一是因为他发现的公式 E＝mc 奠定了原子弹的理论基础；二是因为他写给罗斯福总统的那封信开启了原子弹研究和制造的进程。

当初，"原子弹之父"这个称号有多光荣啊！如今，爱因斯坦觉得这个称号太可耻了。几天痛苦煎熬之后，爱因斯坦从悲愤中振作起来，积极投入反对使用原子弹的运动中。

美国制造出原子弹后，违背了爱因斯坦，以及西拉德、费米博士等人的初衷。

当初，希特勒疯狂四出侵略时，爱因斯坦想的是原子只能用于反法西斯的自卫上，可美国却将新研制的原子弹用于进攻，投到日本的广岛与长崎去了。为此，爱因斯坦深感遗憾。他认为世界最终的目标是和平，人类应该阻止互相残杀，他觉得自己犯下了莫大的错误。

1945 年 11 月，爱因斯坦在《大西洋月刊》上登出名为"原子战争还是和平"的文章提醒世人说："我认为原子能在可见的将来不会是一种福音，因此我必须说，它当前是一种威胁。"

1945 年 12 月 10 日，爱因斯坦在纽约诺贝尔大学作了"赢得战争并不等于赢得和平"为题的演讲。

作为科学家，我们必须不断警告人们这些武器的危险性；我们要努力使世界人民，特别是他们的政府意识到，除非他们改变相互间的态度并认识到自己在形成一个安全的未来中所担负的责任，否则这些武器必然造成无法形容的灾难。为了防止人类的敌人首先制造出这种新武器，我们制造出了这种新武器，倘若纳粹得逞，就会造成无法形容的灾难，世界人民就会遭受奴役。这一武器被交到世界人民的代表和和平自由斗士的英美两国手中，但我们至今既没有获得和平的保障，也没有获得大西洋宪章所保证的自由。我们赢得了战争，但没有赢得和平。战后世界的前景并不美妙。我们物理学家并不是政治家，我们也从不希望卷入政治事务之中。但是，我们碰巧了解一些政治家所不了解的情况，我们感到有责任发表意见，提醒那些当权的人：逃避现实，采取不闻不问的态度是不可取的；我们没有时间来做微不足道的交易，我们不能坐失良机。世界形势要求大胆行动，要求我们的态度和我们的政治观念发生根本的转变。

1947 年 9 月，在给联合国大会的公开信中，爱因斯坦说："如果每个公民都认识到，在这原子时代，安全与和平的唯一保证是超国家政府的不断发展，那么他就会尽一切力量来加强联合国。我认为世界上每一个有理性的和敢于负责的公民都必须知道他应当如何抉择。为要达到最后目的——那是一个联合的世界，而不是两个敌对的世界——这样一个局部性世界政府决不应当作为一种联盟来反对世界的其余部分。走向世界政府的唯一真正步骤就是世界政府本身。"

不料，爱因斯坦的良苦用心却引起了攻击。右派叫嚷说："提防爱因斯坦。他是煽动家，是共产党的奸细。他要把美国独家掌握的原子弹秘密通过世界政府泄露给俄国佬。"左派则批评说："把世界变成一个超民族的国家，就是企图叫社会主义的苏联放弃独立。提出世界政府的口号，就是替美帝国主义称霸全球的野心缝制一块遮羞布。"

面对这些攻击，爱因斯坦呼吁道："由于我们科学家可以决定悲剧重演，加剧屠杀手段的恐怖局面，我们肩负着神圣义务，必须全力制止为残酷目的而发明武器去用于残杀。什么是我们更加重要的任务？我们心中所向往的社会目标又是什么？当前的任务是什么？这就是寻求谅解，为的是实现各国人民间、不同信仰的各民族的彻底谅解。"

各国人民间的谅解，不同社会制度的国家间的和平共处，禁止核武器，并反对种种战争煽动，这一切成为爱因斯坦社会政治生活的中心。

为了实现上述目标，爱因斯坦可谓不遗余力。

1949 年，苏联爆炸了一颗原子弹后，谣言四起，到处传播着有可能打一场原子战争的可能性。爱因斯坦忧心如焚，在《命运攸关的决定》一文中写道："现在该是号召每一个人（不论性别）对可能发生现代文明史上最大的灾难进行思考的时候了。"他大声疾呼："原子战争除了给战争双方带来前所未有的伤亡和毁灭以外，什么也解决不了，用战争解决争端已不再可能。"

1955 年 4 月 5 日，罗素写信给爱因斯坦，请他在一份反战声明上签名。爱因斯坦收到信后，立即于 4 月 11 日回了信："亲爱的伯特兰·罗素，感谢您 4 月 5 日的来信。我非常乐意在您写得极好的声明上签字。我也同意您对预定人选的选择。祝好。"

这里所说的宣言就是《罗素——爱因斯坦宣言》。这个宣言原名叫《科学家要求废止战争》，是由罗素起草的。这是爱因斯坦最后的两次签名，即在罗素的声明和这封回信上的签名。

这个宣言可视为爱因斯坦留给人类的宝贵遗言。

爱因斯坦和那些与他一样的科学家们的呼吁，在当时曾遭到形形色色的政治家的嘲笑。可几十年后，他们的主张正是全球和解的基础，历史证明了他们的伟大。

7. 巨星陨落

1955 年 4 月 13 日，爱因斯坦的右腹部感到一阵阵剧痛，经医生们诊断后，确定是主动脉瘤在作怪，并建议他做手术，但是爱因斯坦拒绝做手术。

自从 1917 年那场大病以来，爱因斯坦一直有胃痉挛、头晕、恶心和呕吐的毛病。

1945 年和 1948 年，爱因斯坦接连做了两次手术。医生发现他的主动脉上长了一颗瘤，认为："这是一个致命的定时炸弹，可能随时破裂，还是开刀切除吧。"爱因斯坦笑着说："那就让它破裂吧。"

如今，爱因斯坦知道这个定时炸弹到了要爆炸的时候了。第二天，心脏外科专家格兰医生从纽约赶来。尽管爱因斯坦身体很虚弱，开刀很危险，但格兰医生还是建议开刀，他说："这是唯一的抢救方法。"爱因斯坦苍白的脸上露出一丝疲倦的微笑，摇着头说："不用了。"

4 月 16 日，爱因斯坦病情突然恶化。杜卡斯心急如焚，匆匆请来医生。医生让爱因斯坦立即住院，爱因斯坦只是摇头，怎么也不肯住院。医生了解爱因斯坦，知道他有一副慈悲心肠，便说："教授先生，你看杜卡斯小姐都累成啥样了。她一人已经顶不住了，我看她也要病了。"爱因斯坦看了一眼杜卡斯，一股悲凉涌上心头。这个忠实的助手从 1928 年以来一直跟着他，先当秘书，后来兼任管家，现在又当上护士了。她确实疲惫不堪，一脸憔悴，真的快顶不住了。爱因斯坦两眼湿润了，他朝大夫点了一下头。

爱因斯坦终于住进了普林斯顿医院，医院为他安排了最好的病房，还有最好的大夫和护士。

一到医院，爱因斯坦就让人把他的老花镜、钢笔、一封没写完的信和一篇没有做完的计算草稿送来。这些东西送到医院后，生命垂危的爱因斯坦在病床上欠了欠身子，护士给他戴上老花眼镜。他从床头柜上抓起笔，可手还未抬起，他又倒了下去。布满皱纹的额头上冒出冷汗，那支用了几十年的钢笔从手里滑落到地上。他为这个世界做得太多，他太累了。

4月17日，这天是星期五。爱因斯坦感觉稍好一些，双目炯炯有神。下午，儿子汉斯坐飞机从加利福尼亚赶来探望他；因病住在同一个医院里的继女玛戈尔也坐轮椅来到爱因斯坦床前。爱因斯坦微笑着对他俩说："没什么，不要难过。这里的事情我已经做完了。"

对所有来看他的朋友、同事，爱因斯坦都平静地说着同一句话："别难过，人总有一天要死的。我死后，万万不可把梅塞街112号变成人们朝圣的纪念馆。我在高级研究所里的办公室要让给别人使用，不要辟为展览室。除了我的科学理想和社会理想外，我的一切都将随我一起死去。"大家听了这话，无不悲痛欲绝。

晚上，爱因斯坦让杜卡斯回去休息。杜卡斯不肯回去，爱因斯坦劝她说："我要睡觉了，你先回去，明天再来。"杜卡斯无奈，只得一步三回头地走了。

夜里一点刚过，助理护士罗素小姐发现睡梦中的爱因斯坦呼吸困难。她想请医生来，便向房门口走去，忽然听到爱因斯坦用德语说了几句话。

罗素小姐不懂德语，连忙返回病床前。就在这一瞬间，爱因斯坦与世长辞，一颗光芒万丈的科学巨星陨落了。

罗素小姐拭了一把眼泪，看了一眼墙上的挂钟，时间是 1955 年 4 月 18 日 1 时 25 分……